Antonio Carlos Vilela

Conversación para viaje

Portugués

MICHAELIS tour

MELHORAMENTOS

Dados Internacionais de Catalogação na Publicação (CIP)
(Câmara Brasileira do Livro, SP, Brasil)

Vilela, Antonio Carlos
 MICHAELIS TOUR: português: conversación para
viaje / Antonio Carlos Vilela. – São Paulo: Editora
Melhoramentos, 2007. – (Michaelis tour)

 2ª reimpr. da 4. ed. de 2001.
 ISBN 978-85-06-03228-2

 1. Português – Vocabulários e manuais de
conversação – Espanhol I. Título. II. Série.

06-9392   CDD-469.82461

Índices para catálogo sistemático:

1. Guia de conversação português-espanhol:
Lingüística 469.82461

© 1994 Antonio Carlos Vilela

© 2001 Editora Melhoramentos Ltda.

Foto da capa: Stefan Kolumban / Pulsar Imagens

4.ª edição, 2.ª impressão, abril 2007
ISBN: 978-85-06-03228-9

Atendimento ao consumidor:
Caixa Postal 11541 – CEP 05049-970 – São Paulo – SP – Brasil

Impresso no Brasil

CONTENIDO

Introducción 10
Nociones Básicas de Portugués 11
   Pronunciación 11
   El alfabeto 12
   Acentuación 12
   Los géneros de los substantivos 14
   Artículos indefinidos 14
   El plural de los substantivos 15
   Adjetivos 15
   Pronombres 16
Conversación para el Día-a-Día 18
   Saludos 18
   Despedida 19
   Cumpleaños 19

- Fiestas 19
- Disculpas 19
- Condolencias 20
- Expresiones cotidianas 20
- Ayuda 21
- Preguntas 22
- Conociendo personas 22
- Parientes 24
- Presentaciones 26

Aeropuerto 27
- Comprando pasajes 28
- Saliendo del aeropuerto 30
- Equipaje 30

Afeitador 31

Alimentación 32
- Supermercado 32
- Bebidas 33
- Frutas 34
- Panadería 35
- Productos lácteos 35
- Vegetales 35
- Carne 37

Pescado	37
Condimentos	38
Restaurantes y bares	38
En el restaurant	39
Especialidades brasileñas	40
Lozas y cubiertos	41
Comidas	42
Masas	42
Bebidas	42
La cuenta	45
COMPRAS	46
COLORES	50
CORREO	52
COSMÉTICOS	54
DENTISTA	56
DÍAS Y MESES	58
DINERO	60
DIRECCIONES Y ORIENTACIONES	63
FARMACIA	66
FOTOGRAFÍAS	68
FRASES ÚTILES	70
FUMADORES	72

Horas	73
Hotel	75
Haciendo Reservas	75
Recepción	77
Cuarto	77
Precio	78
Comidas	79
Servicio de Cuarto	79
Otros	80
Saliendo del Hotel	82
Librería	83
Médico	85
Sintomas	87
El cuerpo	87
Problemas de salud	90
Negocios	91
Números	92
Papelería	94
Peluquería	95
Policía	98
Problemas	100
Recreación	102

Viendo lugares turísticos	102
Vida nocturna	103
Teatro	104
Cine	105
Comprando entradas	105

Ropas 107
    Tamaños 107
    Zapatos 108
    Tipos de tejidos 111

Señales 113

Teléfono 115

Transportes 118
    Tren 118
    Ómnibus 119
    Metro 121
    Taxi 121
    Arrendando auto 122
    Gasolinera 123
    Piezas de auto 124
    Problemas con el auto 125

Vocabulario Portugués-Español 126

Vocabulario Español-Portugués 139

Introducción

Este guía fue hecho para ayudar personas de lengua española en Brasil. Pero nuestra intención no es darle fluencia en la lengua portuguesa, pero sí enseñarle las palabras esenciales, frases e informaciones que lo van a ayudar a ser comprendido.

En Brasil, Ud. probablemente podrá hablar español, en hoteles, aeropuertos y lugares que reciben turistas. Por eso, es una buena idea elaborar la siguiente pregunta:

Alguém aqui fala espanhol? ¿Alguien aquí habla español?

Pero en algunos lugares Ud. tendrá que hablar un poco de portugués. El propósito de este guía es proveer lo esencial del portugués.

Esperamos que este guía de conversación lo ayude a divertirse en sus viajes.

Nociones Básicas de Portugués

Pronunciación

La pronunciación de las vocales en portugués es igual a la pronunciación en español, tienen el mismo sonido.

Vocales

letras		palabras
a	igual en español a la palabra estrell**a**	c**a**ro (caro)
e	igual en español a la palabra p**e**ra	d**e**do (dedo)
i	igual en español a la palabra com**i**da	v**i**da (vida)
o	igual en español a la palabra **o**reja	n**o**me (nombre)
u	igual en español a la palabra m**u**seo	**u**va (uva)

Consonantes

Todas las consonantes tienen la misma pronunciación, excepto **ç**, **ch**, **lh**, **nh**, **ss**.

letra		palabras
ç	tiene sonido de **z** - ta**z**a	ca**ç**ar (cazar)
ch	tiene sonido de **x** - **x**ilografía	**ch**inelo (zapatilla)
lh	tiene sonido de **lia/e/o** - fami**lia**	te**lh**a (teja)
nh	tiene sonido de **ñ** - ni**ñ**o	li**nh**o (lino)
ss	tiene sonido de **s** - cami**s**a	pá**ss**aro (pájaro)

Ud. poderá tener que deletrear su nombre. Pero es una buena idea saber como deletrear su nombre en portugués.

Ud. puede escuchar:

Pode **soletrar** seu nome, por favor?	¿Puede **deletrear** su nombre, por favor?
Pode **soletrar**, por favor?	¿Puede **deletrear**, por favor?

Ud. puede necesitar decir:

Mi nombre es John Smith.	Meu nome é John Smith.
Voy a deletrear:	Vou soletrar:

El alfabeto

- **A** (como **a**uto)
- **B** (como **b**eso)
- **C** (como **c**erveza)
- **D** (como **d**edo)
- **E** (como **e**strella)
- **F** (como **␣**efecto)
- **G**
- **H** (como a**g**achar)
- **I** (como **i**glesia)
- **J** (como **ll**ota)
- **K** (como **c**able)
- **L** (como **e**lemento)
- **M** (como **em**ergencia)
- **N** (como **en**emigo)
- **O** (como **o**tro)
- **P** (como **p**echo)
- **Q** (como **que**so)
- **R** (como te**r**restre)
- **S** (como **e**se)
- **T** (como **t**é)
- **U** (como **u**va)
- **V** (como **v**erano)
- **W** (como **dablio**)
- **X**
- **Y** (como **ipsolon**)
- **Z** (como **se**)

Acentuación

Los acentos agudo y circunflejo indican sílabas abiertas o graves que deben ser enfatizadas.

agudo (′): Significa un sonido abierto cuando es usado en las letras **a**, **e**, **o** (como en español).
circunflejo (^): Significa un sonido más grave, cuando es usado en las letras **a**, **e**, **o**.

Cuando son usados en otras dos vocales, **i** y **u**, estos acentos solamente indican sílaba acentuada.

Ejemplos	se pronuncia
gr**á**vida (embarazada)	p**á**rrafo, s**á**bado
abund**â**ncia (abundancia)	circunst**a**ncia, subst**a**ncia,
Gr**é**cia (Grecia)	c**é**lula, s**é**ptimo
gr**ê**mio (gremio)	secu**e**ncia, frecu**e**ncia
av**ó** (abuela)	m**ó**dulo, coraz**ó**n
av**ô** (abuelo)	ac**u**oso, c**u**ota

El til (~)

Este acento es uno de los más difíciles para extranjeros. El til significa un sonido nasal y esto es incomún en otras lenguas.

Ejemplo:

Não (no): su pronunciación es *noun*, pero con sonido final *n*.

Los géneros de los substantivos

Hay dos géneros de substantivos en portugués: masculino y femenino.

Español	Portugués	
	Masculino	Femenino
la dirección	o endereço	
la taza		a xícara
el equipaje		a bagagem
el periódico	o jornal	
la maleta		a mala
el sofá	o sofá	

Obs.: Hay algunos substantivos que son uniformes: tienen la misma forma para designar los dos géneros (*a criança* puede ser niño o niña; *a testemunha* – testigo – puede ser hombre o mujer).

Artículos indefinidos

Los artículos indefinidos (un, una, unos, unas) varían conforme género (masculino y femenino), siendo: **um**, **uma**, **uns**, **umas**.

un vaso de cerveza	um copo de cerveja
una cerveza	uma cerveja
una llave	uma chave
un teléfono	um telefone
un número	um número

El plural de los substantivos

Generalmente, el plural de los substantivos es formado por la colocación de **s** a palabras con terminación vocal; acrecentamos **es** a palabras terminadas en **r**, **z**, **s**; en palabras terminadas en **m** cambiamos la **m** por **ns**; en palabras terminadas en **al**, **el**, **ol**, **ul** cambiamos la **l** por **is**; en substantivos terminados en **ão**, cambiamos **ão** por **ães**, **ões** o solamente le agregamos **s**.

Español	Portugués	
	Singular	Plural
sello	selo	selos
sabor	sabor	sabores
cruz	cruz	cruzes
país	país	países
pasaje	passagem	passagens
periódico	jornal	jornais
canción	canção	canções
pan	pão	pães
mano	mão	mãos
sol	sol	sóis

Adjetivos

Los adjetivos en portugués varían de acuerdo con el substantivo (plural, singular, femenino, masculino) e indican calidad, condición o circunstancia:

Adjetivos	**Singular**	**Plural**
bueno	bom	bons
buen hombre	bom homem	bons homens

bonita   bonita(o)   bonitas(os)
mujer bonita mulher bonita   mulheres bonitas

En portugués, los adjetivos pueden ser colocados tanto antes como después del substantivo. Aún son comúnmente usados después del substantivo.

una bonita mujer   uma bonita mulher = **uma mulher bonita**
                                (más común)

Pronombres

yo	eu
Ud./tu	você/tu
él	ele
ella	ela
el/la/lo(neutro)	ele/ela
nosotros	nós
Uds./vosotros	vocês/vós
ellos/ellas	eles/elas
me, mi, conmigo	me, mim, comigo
te, ti, contigo	te, ti, contigo
le	lhe (a ele)
le	lhe (a ela)
le/la/lo(neutro)	lhe (a ele/a ela)
con nosotros	nos, conosco
con vosotros	vos, convosco
les	lhes

Posesivo

mío/mía	meu/minha
míos/mías	meus/minhas
tuyo/tuya	teu/tua
tuyos/tuyas	teus/tuas
suyo	seu (dele)
suya	seu (dela)
suyos/suyas	seus, dele/suas, dela
nuestro/nuestra	nosso/nossa
nuestros/nuestras	nossos/nossas
vuestro/vuestra	vosso/vossa
vuestros/vuestras	vossos/vossas
suyos/suyas	seus, deles/suas, delas

Conversación para el día-a-día

A los brasileños les gusta conversar, en general les gustan los extranjeros. Pero, hay una gran diferencia entre personas instruidas y sin instrucción. Las instruidas saben un poco de español y van a ayudarlo a hablar portugués; pero, cuando se relacione con personas sin instrucción, no tente pedir informaciones. Sólo diga qué quiere. Si Ud. necesita de más informaciones, tente encontrar un medio o persona que lo pueda ayudar.

Saludos	Cumprimentos
Ola	Olá
Ola	Oi
Buenos días	Bom dia
Buenas tardes	Boa tarde
Buenas noches	Boa noite
¿Cómo le va?	Como vai?
Estoy bien, gracias	Estou bem, obrigado
¿Estoy bien y Ud?	Estou bem, e você?
¿Está todo bien?	Está tudo bem?
Todo bien	Tudo bem

Despedida

Hasta luego
Hasta mañana
Adiós
Chao
Fue un placer
Buenas noches

Cumpleaños

Feliz cumpleaños
Todo de bueno
Parabenes

Fiestas

Feliz Páscua
Feliz Año Nuevo
Feliz Navidad

Disculpas

Discúlpeme, por favor
Por favor, perdón
Lo siento mucho
Disculpe hacerlo(a) esperar
Todo bien

Despedida

Até logo
Até amanhã
Adeus
Tchau
Foi um prazer
Boa noite

Aniversário

Feliz aniversário
Tudo de bom
Parabéns

Festas

Boas Festas
Feliz Ano-Novo
Feliz Natal

Desculpas

Desculpe-me, por favor
Por favor, perdoe-me
Sinto muito
Desculpe fazê-lo(a) esperar
Tudo bem

Condolencias

Mis condolencias
Mi pésame
Yo realmente lo siento mucho

Expresiones cotidianas

Sí
No
Yo no sé
Lo siento mucho
Discúlpeme
Con permiso
No entendí
Por favor, hable despacio
Por favor, escriba
Por favor, muestre la palabra en el libro
¡Buena suerte!
Por favor
Gracias
De nada
Chao
Yo soy brasileño/ portugués
Mi nombre es...
Tengo hambre

Pêsames

Minhas condolências
Meus pêsames
Eu realmente sinto muito

Expressões cotidianas

Sim
Não
Eu não sei
Sinto muito
Desculpe-me
Com licença
Não entendi
Por favor, fale devagar
Por favor, escreva
Por favor, mostre a palavra no livro
Boa sorte!
Por favor
Obrigado
De nada
Tchau
Eu sou brasileiro/ português
Meu nome é...
Eu estou com fome

Tengo sed	Eu estou com sede
Está tarde	Está tarde
Demasiado	Demais
Suficiente	Suficiente

Ayuda / Ajuda

¿Ud. me puede ayudar?	Você pode me ajudar?
¿Ud. habla inglés/español?	Você fala inglês/espanhol?
Alguien aquí habla inglés/español?	Alguém aqui fala inglês/espanhol?
Yo no hablo portugués muy bien	Eu não falo português muito bem
¿Ud. me comprende?	Você me compreende?
Yo (no) comprendo	Eu (não) compreendo
¿Qué significa esta palabra?	O que significa esta palavra?
Cuál es el nombre de esto?	Qual o nome disto?
¿Ud. puede repetir, por favor?	Você pode repetir por favor?
Otra vez	Outra vez
¿Ud. acepta...	Você aceita...
cheques de viaje?	cheques de viagem?
tarjetas de crédito?	cartões de crédito?

Preguntas / Perguntas

¿Cuánto cuesta?	Quanto custa?
¿Cuándo?	Quando?

¿Cómo?	Como?
¿Cuántos?	Quantos?
¿Quién?	Quem?
¿Dónde?	Onde?

Conociendo personas / Conhecendo pessoas

¡Ola! Placer conocerlo	Oi! Prazer em conhecê-lo
¿Está de vacaciones?	Está de férias?
¿Qué hace Ud.?	O que você faz?
¿Ud. trabaja/estudia?	Você trabalha/estuda?
Me gusta/no me gusta	Eu gosto/eu não gosto...
eso	disso
fútbol	de futebol
cerveza	de cerveja
jugar ténis/golf	de jogar tênis/golfe
¿Le gusta esto a Ud.?	Você gosta disto?
¿Le gusta el helado a Ud.?	Você gosta de sorvete?
¿Cuál es su profesión?	Qual a sua profissão?
¿Qué le gustaría hacer?	O que você gostaria de fazer?
¿Ud. acepta una bebida?	Você aceita uma bebida?
Sí, por favor	Sim, por favor
No, gracias	Não, obrigado
Me encantaría	Adoraria
Es muy gentil de su parte	É muito gentil de sua parte
¿A Ud. le gustaría bailar?	Você gostaria de dançar?
¿A Ud. le gustaría cenar?	Você gostaria de jantar?
¿Dónde nos podremos encontrar?	Onde podemos nos encontrar?

NOCIONES BÁSICAS DE PORTUGUÉS

¿A que horas nos podremos encontrar?	A que horas podemos nos encontrar?
¿Cuál es su dirección?	Qual é o seu endereço?
Mi dirección es...	Meu endereço é...
Yo estoy en el Hotel Plaza	Eu estou no Hotel Plaza
¡Que pena!	Que pena!
¿Qué significa?	O que significa?
¿Me puede traducir eso, por favor?	Pode me traduzir isso, por favor?
¿Cómo se dice esto en portugués?	Como se diz isto em português?
¿Puede repetir, por favor?	Pode repetir, por favor?
Discúlpeme, no entendí	Desculpe-me, não entendi
¿Puede hablar más despacio, por favor?	Pode falar mais devagar, por favor?
¿De dónde es Ud.?	De onde você é?
¿Qué Ud. hace?	O que você faz?
¿Ud. es casado(a)?	Você é casado(a)?
¿Ud. está solo/sola?	Você está sozinho/a?
¿Ud. está con la familia?	Você está com a família?
¿Adónde va Ud.?	Aonde você vai?
¿Dónde está Ud. hospedado/a?	Onde você está hospedado/a?
Yo soy brasileño	Eu sou brasileiro
Yo soy portugués	Eu sou português
Yo vivo en New York	Eu moro em Nova York
Nosotros vivimos en Londres	Nós moramos em Londres

Portugués para viaje

Yo trabajo con...	Eu trabalho com...
Yo soy soltero(a)	Eu sou solteiro(a)
Yo soy casado(a)	Eu sou casado(a)
Yo soy divorciado(a)	Eu sou divorciado(a)
Yo estoy separado(a)	Eu estou separado(a)
Yo estoy aquí de vacaciones	Eu estou aqui de férias
Yo estoy aquí en negocios	Eu estou aqui a negócios
Yo estoy aquí con mi familia	Eu estou aqui com minha família
Yo estoy aquí con mi esposa/mi marido	Eu estou aqui com minha esposa/meu marido
Yo estoy aquí con mi hermana/mi hermano	Eu estou aqui com minha irmã/meu irmão
Yo estoy aquí con una amiga/un amigo	Eu estou aqui com uma amiga/um amigo
Yo estoy aquí con mi enamorada/mi enamorado	Eu estou aqui com minha namorada/meu namorado
Yo hablo muy poco portugués	Eu falo muito pouco português
Estoy novio/novia	Estou noivo/noiva
Estoy viudo/viuda	Estou viúvo/viúva

Parientes / Parentes

padre	pai
madre	mãe
padres	pais

hijo	filho
hija	filha
hermano	irmão
hermana	irmã
tío	tio
tía	tia
sobrino	sobrinho
sobrina	sobrinha
primo o prima	primo ou prima
abuelo	avô, vovô
abuela	avó, vovó
nieto	neto
nieta	neta
nietos	netos
cuñado	cunhado
cuñada	cunhada
yerno	genro
nuera	nora
suegro	sogro
suegra	sogra
madrastra	madrasta
padrastro	padrasto
hijastro(a)	enteado(a)

Es problable que Ud. escuche con frecuencia:

Seu passaporte, por favor	Su pasaporte, por favor
Posso lhe ajudar?	¿Puedo ayudar?
Você tem um trocado?	¿Ud. tiene sencillo?

O que você deseja?	¿Qué desea?
Seu nome, por favor	Su nombre, por favor
De onde você é?	¿De donde es Ud.?
Qual o seu nome?	¿Cuál es su nombre?

Presentaciones / Apresentações

Mi nombre es...	Meu nome é...
Este es Roberto	Este é Roberto
Mucho gusto en conocerlo(la)	Prazer em conhecê-lo(la)
¿Cuál es su nombre?	Qual o seu nome?
Señora, Sra.	Senhora, Sra.
Señorita, Srta.	Senhorita, Srta.
Señor, Sr.	Senhor, Sr.

> Nota: En Brasil, Ud. generalmente se dirigirá a personas por su primer nombre. Igualmente cuando use el pronombre Sr. (Senhor = Señor), el primer nombre es más común.

Este es Sr. Roberto Andrade	Este é o Sr. Roberto Andrade
¿Cómo le va, Sr. Roberto?	Como vai, Sr. Roberto?
¿Cómo le va al señor?	Como vai o senhor?

> Obs.: Cuando se comunique con una mujer joven (como una atendiente), Ud. usa el substantivo "moça". Lo mismo se aplica a un hombre joven, llamándolo de "moço".

Día-a-Día A/Z

Aeropuerto
Aeroporto

Ud. puede escuchar:

Passaporte	Pasaporte
Seguro	Seguro
Bilhete (passagem)	Billete (pasaje)
Tem algo a declarar?	¿Tiene algo a declarar?
Qual o motivo de sua viagem?	¿Cuál es el motivo de su viaje?
Para onde você vai?	¿Hacia dónde Ud. va?
Onde vai se hospedar?	¿Dónde se va a alojar?
Quanto tempo você vai ficar?	¿Cuánto tiempo se va a quedar?
De onde você vem?	¿De dónde Ud. viene?
Passageiros	Pasajeros
Atraso	Atraso
Vôo	Vuelo
Portão número	Portón número
Partida	Partida

Ud. puede necesitar decir:

¿Dónde queda el free-shop?

¿Dónde puedo cambiar dinero?

¿Dónde puedo tomar el ómnibus para el hotel?

¿Dónde consigo un taxi?

¿Dónde quedan los teléfonos?

No encontré mi equipaje

¿Dónde queda la sección de hallados y perdidos?

Quiero cambiar mi reserva

¿Cuál es el número del vuelo?

¿Cuál es el portón?

¿Está con atraso?

¿Hay un bar/una fuente soda/un restaurante?

Onde fica o *free-shop*?

Onde posso trocar dinheiro?

Onde posso pegar o ônibus para o hotel?

Onde eu pego um táxi?

Onde ficam os telefones?

Não achei minha bagagem

Onde fica a seção de achados e perdidos?

Quero mudar minha reserva

Qual o número do vôo?

Qual o portão?

Está com atraso?

Há um bar/uma lanchonete/um restaurante?

Comprando pasajes

¿Dónde puedo comprar pasajes?

¿Dónde queda la oficina de Tower/American Airlines/...?

Comprando passagens

Onde posso comprar passagens?

Onde fica o escritório da Tower/American Airlines/...?

¿Cuándo es el próximo vuelo para Los Angeles?	Quando é o próximo vôo para Los Angeles?
¿A qué horas sale el vuelo?	A que horas sai o vôo?
Quiero reservar un lugar	Quero reservar um lugar
Quiero dos pasajes	Quero duas passagens
¿Hay un vuelo para... New York?	Há um vôo para... Nova York?
¿A que horas sale?	A que horas sai?
¿Cuánto cuesta un pasaje de ida y vuelta para... Londres?	Quanto custa uma passagem de ida e volta para... Londres?
¿A que horas es el próximo avión para... Rio de Janeiro?	A que horas é o próximo avião para... o Rio de Janeiro?
¿A que horas sale el avión?	A que horas sai o avião?
¿Existe alguna promoción de pasajes más baratos?	Existe alguma promoção de passagens mais baratas?
¿Puedo reservar un/dos lugar(es)?	Posso reservar um/dois lugar(es)?
Primera clase	Primeira classe
Segunda clase	Segunda classe
Clase económica	Classe econômica

Saliendo del aeropuerto

¿Dónde puedo conseguir un coche de carga?
¿Me puede ayudar con las maletas?
¿Ud. sabe cuánto es la carrera de taxi hasta el centro?
¿Me puede conseguir un taxi?
¿Existe servicio de ómnibus?
¿Cuánto vale el pasaje?

Equipaje

¿Dónde está el equipaje del vuelo de Brasil?
Mi equipaje no llegó
Mi maleta fue damnificada en el viaje
Por favor, lleve mi equipaje a un taxi

Saindo do aeroporto

Onde posso arrumar um carrinho?
Pode me ajudar com as malas?
Você sabe quanto é a corrida de táxi até o centro?
Pode me arrumar um táxi?
Existe serviço de ônibus?
Quanto é a passagem?

Bagagem

Onde está a bagagem do vôo do Brasil?
Minha bagagem não chegou
Minha mala foi danificada na viagem
Por favor, leve minha bagagem para um táxi

Afeitador
Barbeiro

¿Dónde hay un afeitador bueno/no muy caro?	Onde tem um barbeiro bom/não muito caro?
¿Puedo marcar un horario?	Posso marcar um horário?
¿Sábado a las diez?	Sábado às dez?
Quiero cortar el pelo	Quero cortar o cabelo
No muy corto	Não muito curto
Bien corto	Bastante curto
Por favor, empareje la barba	Por favor, apare a barba
atrás	atrás
lados	lados
pelo	cabelo
barba	barba
bigote	bigode
costillas	costeletas
corto	curto
largo	comprido
navaja de afeitar, lámina	navalha, lâmina
champú	xampu
afeitar	barbear
cortar	cortar
emparejar	aparar

Alimentación
Alimentação

Supermercado

¿Hay un(a) supermercado/ tienda de comestibles aquí cerca?	Há um supermercado/ mercearia aqui por perto?
Por favor, ¿dónde encuentro el azúcar/ dulcificante/ edulcorante?	Por favor, onde fica o açúcar/adoçante?
Por favor, deme 1 quilo/ 2 quilos de	Por favor, me dê 1 quilo/ 2 quilos de
carne	carne
pescado	peixe
costilla de cerdo	costeleta de porco
bistecs	bifes
¿Es fresco o congelado?	É fresco ou congelado?
¿Me puede limpiar el pescado?	Você pode limpar o peixe?
Sáquele la cabeza, por favor	Tire a cabeça, por favor
No está bueno	Não está bom
Está descompuesto	Está passado
No voy a llevar	Não vou levar

¿Uds. venden comida congelada?
¿Dónde la puedo encontrar?
Yo quiero un poco de...
  té
  chocolate
  dulces
  fósforos
  mantequilla
  aceite
  aceite de oliva
  pan
  sal
  azúcar
  condimentos
Yo quiero cien gramos de...
  jamón
  queso

Vocês vendem comida congelada?
Onde eu encontro?

Eu quero um pouco de...
  chá
  chocolate
  doces
  fósforos
  manteiga
  óleo
  azeite de oliva
  pão
  sal
  açúcar
  condimentos
Eu quero cem gramas de...
  presunto
  queijo

Bebidas

Por favor, ¿dónde están las bebidas?
Por favor, ¿dónde están las gaseosas?
Una botella de...
  leche
  vino

Bebidas

Por favor, onde ficam as bebidas?
Por favor, onde ficam os refrigerantes?
Uma garrafa de...
  leite
  vinho

cerveza	cerveja
jugo de frutas	suco de frutas
agua mineral	água mineral
agua con gas	água com gás

Frutas   Frutas

Por favor, ¿dónde quedan...	Por favor, onde ficam...
las frutas?	as frutas?
almendra	amêndoa
avellana	avelã
castaña	castanha
cerezas	cerejas
ciruela	ameixa
coco	coco
damasco/albaricoque	damasco
dátil	tâmara
durazno	pêssego
frambuesa	framboesa
frutillas/fresas	morangos
guayaba	goiaba
limón	limão
limón verde	limão verde
mamón/papaya	mamão
mandarina	tangerina
manga	manga
manzana	maçã
melón	melão
melón de agua/sandía	melancia
mora	amora

naranja	laranja
palta/aguacate	abacate
pera	pêra
piña/ananás	abacaxi
plátanos	bananas
uvas	uvas

Panadería / Padaria

pan	pão
pan blanco	pão branco
pan de molde	pão de fôrma
com orilla	com borda
sin orilla	sem borda
pan de trigo integral	pão de trigo integral
pan francés	pãozinho, pão francês
rebanada (de pan)	fatia (de pão)

Productos lácteos / Laticínios

crema de leche	creme de leite
leche	leite
mantequilla	manteiga
queso	queijo
requesón	requeijão
yogur	iogurte

Vegetales / Vegetais

ajo	alho
alcachofa	alcachofra
apio	aipo

berenjena	berinjela
berro	agrião
betarraga/remolacha	beterraba
bróculi/brecol	brócolis
calabaza	abóbora
cebolla	cebola
champión/hongo	cogumelo
choclo/maíz	milho
coliflor	couve-flor
espárrago	aspargo
espinaca	espinafre
frijol/poroto	feijão
garbanzo	grão-de-bico
guisante	ervilha
lechuga	alface
papa/patata	batata
pepino	pepino
perejil	salsinha
pimiento	pimentão
rábano	rabanete
repollo	repolho
tomate	tomate
vaina/chaucha	vagem
zanahoria	cenoura

Vocabulario básico

gramas	gramas
kilo	quilo
lonja/raja	fatia

parte/pedazo	pedaço
abrelatas	abridor de latas
descorchador/sacacorchos	saca-rolhas

Carne / Carne

aves	aves
bistec	bife
camarón/gamba	camarão
carne de buey	carne de boi
caza	caça
cerdo	porco
conejo	coelho
gallina	galinha
jamón	presunto
langosta	lagosta
mariscos	frutos do mar
pato	pato
pavo	peru
pollo	frango
ternero	vitela

Pescado / Peixe

arenque	arenque
atún	atum
salmón	salmão
sardina	sardinha
trucha	truta

Pescados brasileños

dorado	pintado

Condimentos

aceite
aceite de oliva
ajo
perejil
pimienta
sal
salsa
vinagre

Temperos

óleo
azeite de oliva
alho
salsinha
pimenta
sal
molho
vinagre

Otros

galletas
en tarros
masas
huevos
longanizas
salsicha
Por favor, yo quiero una botella/un tarro/paquete de esto

biscoitos
enlatados
massas
ovos
lingüiças
salsicha
Por favor, eu quero uma garrafa/lata/um pacote disto

Restaurantes y bares

Restaurantes e bares

Ud. pode necesitar decir:

¿Hay un restaurant/un bar (no muy caro) aquí cerca?
¿Ud. puede sugerir...

Há um restaurante/um bar (não muito caro) por perto?
Você pode sugerir...

un buen restaurant?	um bom restaurante?
un restaurant vegetariano?	um restaurante vegetariano?
un café?	um café?

En el restaurant / No restaurante

Me gustaría reservar una mesa para dos personas para las 8:00	Eu gostaria de reservar uma mesa para duas pessoas para as 8:00
Una mesa para uno(dos), por favor	Uma mesa para um (dois), por favor
¿Hay una mesa fuera (cerca de la ventana)?	Há uma mesa fora (perto da janela)?
¿Hay un lugar para fumadores (no fumadores)?	Há um local para fumantes (não-fumantes)?
¿Dónde es el toilette?	Onde é o toilette?

A la mesa / À mesa

¿Puedo ver el menú?	Posso ver o cardápio?
Quiero/queremos un aperitivo primero	Quero/queremos um aperitivo primeiro
¿Puede traer más pan/agua?	Pode trazer mais pão/água?
Yo quiero algo liviano	Eu quero algo leve
¿Uds. sierven merienda?	Vocês servem lanches?
¿Uds. tienen porciones para niños?	Vocês têm porções para crianças?

¿Uds. tienen el plato del día?	Vocês têm o prato do dia?
¿Cuál es?	Qual é?
¿Qué Ud. recomienda?	O que você recomenda?
¿Cuál es la especialidad del restaurant?	Qual é a especialidade do restaurante?
Me puede decir, ¿qué es esto?	Pode me dizer o que é isto?
¿Uds. tienen platos vegetarianos?	Vocês têm pratos vegetarianos?
Sin aceite (salsa), por favor	Sem óleo (molho), por favor
Sin carne	Sem carne

Especialidades brasileñas

Feijoada: partes del cerdo cocidas en frijoles negros. Se sirve con arroz, tocino frito y col cocida. Generalmente, Ud. puede encontrar ese plato en los restaurantes los días Miércoles y Sábados en el almuerzo.

Rodízio de churrasco: no es un plato, pero un sistema de comer de todo. Es un restaurant generalmente bien amplio donde Ud. paga un valor fijo y son servidos varios tipos de carnes asadas. Hay también diferentes tipos de ensaladas; y de ese mismo modo de servir también hay *rodízio* de comida japonesa y mariscos.

Pintado na brasa: es un sabroso pescado brasileño, el pintado, asado en la brasa.

Leitão à pururuca: cerdo asado.

Tutu (o virado): es una crema de frijoles preparados con harina y tocino.
Arroz de carreteiro: arroz preparado con condimentos y carne salada.

La comida puede ser:

cocido	cozido
apanado	à milanesa
asado en la parilla	grelhado na churrasqueira
frito	frito
a la plancha	grelhado
en su ponto/cocido/asado	ao ponto
mal cocido/asado	malpassado
asado	assado
bien cocido	bem passado

Lozas y cubiertos   Louças e talheres

botella	garrafa
fuente	travessa
tenedor	garfo
vaso	copo
taza	xícara
cuchillo	faca
servilleta	guardanapo
plato	prato
cuchara	colher
mantel	toalha
cucharilla/cucharita de té	colher de chá

Comidas

desanuyo
almuerzo
merienda
té
comida
cena

Refeições

café da manhã
almoço
lanche
chá
jantar
ceia

Masas

lasaña
albóndigas
espagueti
macarrón/fideos
pizza
queso
queso rallado

Massas

lasanha
almôndegas
espaguete
macarrão
pizza
queijo
queijo ralado

Bebidas

Una botella de vino de
   la casa, por favor
Yo quiero ver la carta
   de vinos
¿Uds. sirven cócteles?
Por favor, yo quiero...
   agua mineral
   limonada/jugo
     de limón
   jugo de naranja o

Bebidas

Uma garrafa do vinho da
   casa, por favor
Eu quero ver a carta
   de vinhos
Vocês servem coquetéis?
Por favor, eu quero...
   água mineral
   limonada

   suco de laranja ou

naranjada	laranjada
jugo de acerola	suco de acerola
un vaso con hielo	um copo com gelo
hielo	gelo
una gaseosa	um refrigerante
una pajita	um canudinho
cerveza	cerveja
chopp	chope
vaso de...	copo de...
whisky...	uísque...
con hielo	com gelo
puro	puro
whisky escocés	uísque escocês
una botella de...	uma garrafa de...
vino blanco	vinho branco
vino tinto	vinho tinto
seco/dulce	seco/doce
Por favor, yo quiero un...	Por favor, eu quero um...
café negro	café preto
café con poca leche	pingado (café com pouco leite)
café con leche	média (café com leite)
té	chá
con leche	com leite
con limón	com limão
vaso de leche	copo de leite
chocolate caliente	chocolate quente

Bebidas frecuentemente encontradas en bares brasileños

Cerveja: cerveza, incluyendo europea y americana
Bourbon: generalmente Jack Daniels y Jim Beam
Caipirinha: bebida típica brasileña. Lonjas de limón con aguardiente (de caña de azúcar), azúcar e hielo
Chope: un tipo de cerveza
Cuba libre: ron con coca-cola, lonjas de limón
Daiquiri: ron, azúcar y jugo de limón
Hi-fi: vodka y jugo de naranja
Piña colada: ron y piña/ananás
Scotch: varios tipos, incluyendo malte simple y mezclado
Batidas: aguardiente mezsclada con algunas frutas. Más común es la **batida de coco** y **batida de maracujá** (de maracuyá)

Bebidas suaves

Es facilmente encontrado con frutas tropicales.

jugo	suco
jugo de naranja	suco de laranja
piña/ananás	abacaxi
acerola	acerola (fruta brasileña)
mamón	mamão
manga	manga
maracuyá	maracujá
pitanga	pitanga (fruta brasileña)

Entre las gaseosas, Ud. puede pedir **guaraná**, una especialidad brasileña. Guaraná es una fruta de floresta tropical lluviosa y es conocida por "recargar sus baterías".

Un vaso /una botella de...	Um copo /uma garrafa de...
agua mineral	água mineral
con gas	com gás
sin gas	sem gás

> Nota: En algunos lugares, cuando Ud. pide una botella de agua mineral, le van a traer Perrier, sin ningún problema. Le costará tres veces el valor de una botella de agua mineral brasileña. Y Ud. puede querer agua mineral local. Estas son agradables y más livianas que las francesas.

La cuenta / A conta

La cuenta, por favor	A conta, por favor
¿El servicio está incluido?	O serviço está incluído?
Perdón, pero hay un error	Perdão, mas há um erro
Por favor, confiera la cuenta, creo que no está correcta	Por favor, confira a conta, creio que não está correta
¿Qué es este valor?	O que é este valor?
Queremos cuentas separadas, por favor	Queremos contas separadas, por favor
¿Uds. aceptan tarjetas de crédito?	Vocês aceitam cartões de crédito?
Guarde el vuelto	Guarde o troco
Estaba muy bueno	Estava muito bom

Compras
Compras

(Ver también: **Ropas**, **Cosméticos**, **Farmacia**, **Fotografía**)

Ud. puede escuchar:

Posso ajudar?	¿Puedo ayudar?
O que deseja?	¿Qué desea?
Isso é tudo?	¿Eso es todo?
Mais alguma coisa?	¿Alguna cosa más?
Nós temos uma oferta especial	Nosotros tenemos una oferta especial
Quer que embrulhe para presente?	¿Quiere en paquete para regalo?
Nós não temos isso	Nosotros no tenemos eso
Você vai encontrar ali	Ud. va a encontrarlo ahí
Desculpe, acabou	Perdón, se acabó
Receberemos mais amanhã/na semana que vem	Recibiremos más mañana/próxima semana
Não tenho (mais)	No tengo (más)

Quantos você quer?	¿Cuántos quiere?
Quanto você quer?	¿Cuánto quiere?
Passe no caixa, por favor	Pase a la caja, por favor
Tem trocado?	¿Tiene sencillo?
Qual tamanho você quer?	¿De qué tamaño quiere?
Você vai pagar...	¿Ud. va a pagar...
com cartão de crédito?	con tarjeta de crédito?
com cheque?	con cheque?
com dinheiro?	con dinero?

Ud. puede necesitar decir:

¿Dónde puedo comprar regalos?	Onde posso comprar presentes?
¿Dónde puedo comprar recuerdos de Brasil?	Onde posso comprar lembranças do Brasil?
¿Dónde puedo comprar...	Onde posso comprar...
pedras/gemas brasileñas?	pedras/gemas brasileiras?
ropas?	roupas?
artesanía indígena?	artesanato indígena?
¿Dónde hay un buen centro comercial?	Onde fica um bom shopping center?
¿A que hora abren/cierran las tiendas?	A que horas abrem/fecham as lojas?
Quiero comprar.../Me podría mostrar...	Quero comprar.../ Poderia me mostrar...
esto/aquello	isto/aquilo
piedras	pedras

gemas	gemas
artesanía	artesanato
recuerdos	lembranças
¿Cuánto esto/aquello cuesta?	Quanto isto/aquilo custa?
Busco un regalo para...	Procuro um presente para...
mi esposa	minha esposa
mi hijo	meu filho
mi hija	minha filha
mi amigo	meu amigo
mi marido	meu marido
Estoy sólo mirando	Estou só olhando
¿Hace un descuento?	Faz um desconto?
No voy a llevar, gracias	Não vou levar, obrigado
¿Uds. aceptan cheques de viaje/tarjetas de crédito?	Vocês aceitam cheques de viagem/cartões de crédito?
¿Dónde pago?	Onde eu pago?
Disculpe, no tengo sencillo	Desculpe, não tenho trocado
Voy a llevar	Eu vou levar
¿Pude mandarlo a esta dirección?	Pode mandá-lo para este endereço?
¿Ud. tiene una bolsa?	Você tem uma sacola?

Comprando CDs — Comprando CDs

Por favor, quiero un CD de música folklórica local

Por favor, quero um CD de música folclórica local

¿Puedo escuchar este CD?	Posso ouvir este CD?
Ud. tiene algún disco nuevo de...	Você tem algum disco novo de...
¿Dónde están los discos... extranjeros? de rock?	Onde ficam os discos... estrangeiros? de rock?

Colores
Cores

amarillo	amarelo
azul marino	azul-marinho
azul	azul
beige	bege
blanco	branco
castaño	castanho
dorado/oro	ouro
gris	cinza
lila	lilás
marrón/café	marrom
morado	roxo
naranja	cor-de-laranja
negro	preto
plateado/plata	prata
rojo	vermelho
rosado/rosa	cor-de-rosa
verde	verde
violeta	violeta

Adjetivos de colores

claro	claro
oscuro	escuro
suave	suave
colorido	colorido (com várias cores)
dorado	dourado
pálido	pálido

Ejemplos

rojo claro	vermelho-claro
verde oscuro	verde-escuro
rosa suave	rosa suave

Correo
Correio

¿Puede colocar esto en el correo?	Pode colocar isto no correio?
¿Dónde hay una agencia de correo más próxima?	Onde é a agência dos correios mais próxima?
¿A que horas el correo abre/cierra?	A que horas o correio abre/fecha?
Para Brasil, por favor	Para o Brasil, por favor
¿Cuánto es...	Quanto é...
esta encomienda para España?	esta encomenda para a Espanha?
una carta para Portugal?	uma carta para Portugal?
una tarjeta postal para Argentina?	um cartão-postal para a Argentina?
Yo quiero registrar esta carta	Eu quero registrar esta carta
Un sello, por favor	Um selo, por favor
Quiero mandar un telegrama	Quero enviar um telegrama
Quiero mandar un fax	Quero enviar um fax

vía aérea	via aérea
superficie	superfície
código postal (usado en Brasil)	CEP
carta	carta
tarjeta postal	cartão-postal
correspondencia	correspondência
paquete	pacote
sobre	envelope
sellos/estampillas	selos
encomienda	encomenda

E-mail: En las principales ciudades, Ud. puede encontrar cybercafés, donde se puede accesar la Internet (para mandar y recibir e-mail) y pagar sólo por el tiempo que usó la computadora. Ud. probablemente encontrará ese servicio en grandes librerías y tiendas de computadoras, generalmente localizadas en centros comerciales.

Cosméticos
Cosméticos

Maquillaje	Maquiagem
Yo quiero...	Eu quero...
lápiz de labios	batom
crema de limpieza	creme de limpeza
hidratante	hidratante
desodorante	desodorante
esmalte para uñas	esmalte para unhas
lápiz para los ojos	lápis para os olhos
loción de limpieza	loção para limpeza
polvo facial	pó facial
bronceador	bronzeador
perfume	perfume
crema	creme
loción	loção
rímel/máscara de pestañas	rímel
sombra (para los ojos)	sombra (para os olhos)
tintura para el pelo	tintura para os cabelos
sin alcohol	sem álcool

inodoro(a)	sem odor
aroma	aroma
limpiar	limpar
para limpieza	para limpeza
agua oxigenada	água oxigenada
esponja	esponja
glicerina	glicerina
lima de uña	lixa de unha
vaselina	vaselina
frasco	frasco/pote

Dentista
Dentista

Ud. puede escuchar:

Terei de extrair o dente	Tendré que extraer el diente
Precisa de uma obturação	Necesita de un empaste
Talvez doa um pouco	Tal vez duela un poco

Ud. puede necesitar decir:

Necesito ir al dentista (con urgencia)	Preciso ir ao dentista (com urgência)
¿Dónde hay un buen dentista?	Onde há um bom dentista?
Estoy con dolor de dientes	Estou com dor de dente
Me quebré un diente	Quebrei um dente
Tengo una infección	Estou com uma infecção
¡Me duele este diente!	Este dente dói!
Se caió una obturación/tapadura	Caiu uma obturação
Me quebré la dentadura	Quebrei a dentadura
Mi puente se quebró	Minha ponte rachou

Por favor, lo obture	Por favor, obture-o
Lo extraiga	Extraia-o
No lo extraiga	Não o extraia
Yo tengo una carie	Eu tenho uma cárie
absceso	abscesso
anestesia	anestesia
arrancar/sacar/extraer	arrancar
canal	canal
consulta	consulta
dentadura	dentadura
diente	dente
dolor de dientes	dor de dente
encía	gengiva
obturación/tapadura	obturação
puente	ponte
radiografía	radiografia
sangramiento	sangramento
obturar/tapar	obturar

Días y meses
Dias e meses

día	dia
semana	semana
fin de semana	fim de semana
mes	mês
año	ano
hoy	hoje
esta mañana	hoje de manhã
mañana	amanhã
ayer	ontem
semana que viene	semana que vem
semana pasada	semana passada
esta noche	esta noite
mañana por la mañana	amanhã de manhã

Días de la semana
Dias da semana

Lunes	segunda-feira
Martes	terça-feira
Miércoles	quarta-feira
Jueves	quinta-feira

Viernes	sexta-feira
Sábado	sábado
Domingo	domingo

Meses / Meses

Enero	janeiro
Febrero	fevereiro
Marzo	março
Abril	abril
Mayo	maio
Junio	junho
Julio	julho
Agosto	agosto
Septiembre	setembro
Octubre	outubro
Noviembre	novembro
Diciembre	dezembro

Estaciones del año / Estações do ano

primavera	primavera
verano	verão
otoño	outono
invierno	inverno

Festivos / Feriados

Año Nuevo	Ano-Novo
Víspera de Año Nuevo	Véspera de Ano-Novo
Primer día del Año	Primeiro do Ano

Dinero
Dinheiro

Moneda

Moeda

Brasil: Real (ej. R$ 100,00)

Ud. puede escuchar:

Quanto dinheiro você quer trocar?	¿Cuánto dinero Ud. quiere cambiar?
Você tem alguma identificação?	¿Tiene alguna identificación?
Seu passaporte, por favor	Su pasaporte, por favor
Assine aqui	Firme aquí
Passe no caixa, por favor	Pase a la caja, por favor
Como você quer o dinheiro?	¿Cómo quiere el dinero?

Ud. puede necesitar decir:

Me gustaría cambiar este cheque de viaje/de viajero	Eu gostaria de trocar este cheque de viagem

¿Cuál es la tasa de cambio?	Qual a taxa de câmbio?
Escriba, por favor	Escreva, por favor
Aquí está mi pasaporte	Aqui está meu passaporte
Aquí está mi tarjeta de crédito	Aqui está meu cartão de crédito
Me gustaría cambiar esto por...	Eu gostaria de trocar isto por...
reais	reais
pesos	pesos
guaranís	guaranis
Yo quiero sacar dinero con esta tarjeta de crédito	Eu quero sacar dinheiro com este cartão de crédito
¿Ud. me puede dar algún sencillo?	Você pode me dar algum trocado?
¿Ud. me puede dar un recibo/vale?	Você pode me dar um recibo?

Vocabulario básico

firma	assinatura
caja	caixa
cambio	câmbio
cheque de viaje/viajero	cheque de viagem
cheque	cheque
gerente	gerente
identificación	identificação
intereses	juros
moneda	moeda

moneda extranjera	moeda estrangeira
billetes (dinero)	notas
recibo	recibo
cotización	cotação
tasa de cambio	taxa de câmbio
tasa de servicio	taxa de serviço

Direcciones y orientaciones
Endereços e orientações

En portugués, direcciones son expresadas de la siguiente forma:

Av. Paulista, 1000

Av.	Paulista,	1000
(avenida)	(nombre de la calle)	(número)

Marcos mora na rua Atlântica, 100
(Marcos vive en la Calle Atlântica, 100)

Pedindo orientaciones

Perdón, ¿me puede ayudar?	Desculpe-me, pode me ajudar?
¿Cómo se va a esta dirección?	Como faço para chegar a este endereço?
¿Puedo ir a pie?	Dá para ir a pé?
¿Me puede mostrar en este mapa, donde estoy?	Pode me mostrar neste mapa onde estou?

Por favor, ¿cómo se va a la agencia del correo?	Por favor, como faço para chegar à agência de correio?
Calle	Rua (R.)
Avenida	Avenida (Av.)
Plaza	Praça (Pça.)

Ud. puede escuchar estas direcciones:

Vá em frente...
   três quarteirões
	Siga em frente...
	   tres quadras

Vire...	Doble...
à esquerda	a la izquierda
à direita	a la derecha
Pare	Pare

Orientaciones

aquí	aqui
allá	lá
avenida	avenida
derecha	direita
en frente	em frente
atrás	atrás
izquierda	esquerda
esquina	esquina
cuadra	quarteirão
calle	rua
vía expresa	via expressa
norte	norte

sur	sul
este	leste
oeste	oeste
arriba	acima
abajo	abaixo
cerca	perto
lejos	longe

Farmacia
Farmácia/Drogaria

¿Dónde encuentro una farmacia?	Onde eu encontro uma farmácia?
Me puede dar algo para...	Pode me dar algo para...
dolor de cabeza	dor de cabeça
el estómago	o estômago
Yo quiero...	Eu quero...
agua oxigenada	água oxigenada
antiséptico	anti-séptico
papel higiénico	papel higiênico
pañal	fralda
pomada	pomada
receta	receita
termómetro (clínico)	termômetro (clínico)
jarabe para la tos	xarope para tosse
compresas higiénicas	absorventes
analgésico	analgésico
antiácido	antiácido
aspirina	aspirina
condón/preservativo	camisinha/preservativo

algodón	algodão
hilo dental	fio dental
leche de magnesia	leite de magnésia
crema de afeitar	creme de barbear
bronceador	bronzeador
tableta/pastilla	comprimido
cepillo de dientes	escova de dentes
crema dental	pasta de dente, creme dental

Fotografías
Fotografias

Ud. puede necesitar decir:

Yo necesito de película	Eu preciso de un filme
en colores	colorido
blanco y negro	preto-e-branco
para ampliaciones/slides	para ampliações/slides
para esta cámara	para esta câmara
Hay algo errado con mi cámara	Há algo errado com minha câmara
La película/el obturador está enganchada(o)	O filme/obturador está preso
¿Puede revelar esta película?	Pode revelar este filme?
¿Cuándo las fotos estarán listas?	Quando as fotos estarão prontas?
¿Cuánto cuesta?	Quanto custa?

Video / Vídeo

¿Usted tiene cinta para esta cámara?	Você tem fita para esta câmara?

Voy a llevar dos.	Vou levar duas.
¿Usted tiene baterías para la cámara?	Você tem baterias para a câmara?
Yo necesito de dos cintas VHS...	Preciso de duas fitas VHS...
VHS-C / 8 / Hi-8 / Super-VHS	VHS-C / 8 / Hi-8 / Super-VHS

Vocabulario básico

batería	bateria
cámara	câmara
película en colores	filme colorido
diapositivas	slides
copias	cópias
ampliación	ampliação
negativo	negativo
fotografía	fotografia
foto	foto
cinta (de video grabador)	fita de vídeo

Frases útiles
Frases úteis

Usando las frases a seguir, juntando con simples palabras o gestos, Ud. se podrá expresar sólo.

Por favor...	Por favor...
Ayúdeme	Ajude-me
Yo quiero...	Eu quero...
éste	este
¿Ud. tiene...	Você tem...
películas?	filmes?
Yo necesito ...	Preciso de...
¿Cuánto cuesta?	Quanto custa?
¿Dónde está...	Onde está...
la entrada?	a entrada?
Muéstreme	Mostre-me
¿Puedo	Posso
sacar fotos?	tirar fotos?
¿Ud. puede..?	Você pode...?
¿Qué es esto?	O que é isto?

Lléveme para...	Leve-me para...
Quiero comprar...	Quero comprar...
un recuerdo	uma lembrança
Quiero ir...	Quero ir...
al museo	ao museu
Quiero mandar	Quero mandar
esto para...	isto para...

Fumadores
Fumantes

¿Puedo fumar aquí?	Posso fumar aqui?
Le importa que yo fume?	Importa-se se eu fumar?
Me puede dar un cenicero?	Pode dar-me um cinzeiro?
Una cajetilla de cigarrillos, por favor	Um maço de cigarros, por favor
Yo quiero tabaco para pipa	Eu quero fumo para cachimbo
¿Ud. tiene fósforos?	Você tem fósforos?
¿Tiene fuego?	Tem fogo?

Vocabulario básico

cigarro puro	charuto
cigarrillo	cigarro
encendedor	isqueiro
piedra para encendedor	pedra para isqueiro
líquido para encendedor	fluido para isqueiro
gas para encendedor	gás para isqueiro
cigarrillo mentolado	cigarro mentolado
cajetilla	maço
pipa	cachimbo
tabaco	fumo

Horas
Horas

En Brasil, la hora es generalmente expresa de 0 a 24 horas. Por ejemplo, 1 hora después del mediodía serán las 13 horas.

Catorce horas (2 de la tarde) catorze horas
Veinte horas (8 de la noche) vinte horas

Ud. puede necesitar decir:

¿Qué hora es?	Que horas são?
Son las cinco horas de la mañana	São cinco horas da manhã
siete y diez de la mañana	sete e dez da manhã
ocho quince (y cuarto)	oito e quinze
ocho y treinta (media) de mañana	oito e trinta (meia) de manhã
en la tarde	à tarde
dos de la tarde	duas da tarde
quince (un cuarto) para las cinco	quinze para as cinco

diez para las once	dez para as onze
once y veinticinco de la noche	onze e vinte e cinco da noite
cinco para las doce (medianoche)	cinco para a meia-noite
medianoche (doce)	meia-noite
mediodía (doce)	meio-dia
día	dia
noche	noite
tarde	tarde
mañana	manhã
hoy	hoje
mañana	amanhã
ayer	ontem
esta noche	esta noite
mañana por la noche	amanhã à noite

Hotel
Hotel

Haciendo reservas

Me gustaría hacer una reserva	Gostaria de fazer uma reserva
Quiero un cuarto con...	Quero um quarto com...
cama de 2 plazas	cama de casal
2 camas de 1 plaza/	2 camas de solteiro/
cama king size/cama queen size	cama king size/cama queen size
¿El desanuyo está incluido?	O café da manhã está incluído?
¿Cuánto va a costar?	Quanto vai custar?
Mi nombre es...	Meu nome é...
Voy a deletrearlo...	Vou soletrar...

Ver también: **Alfabeto**

Llenando la ficha de registro

Nome	Nombre
Sobrenome	Apellido

Endereço/Rua/Número	Dirección/Calle/Número
Nacionalidade	Nacionalidad
Ocupação/Profissão	Ocupación/Profesión
Data de nascimento	Fecha de nacimiento
Local de nascimento	Lugar de nacimiento
Número do passaporte	Número del pasaporte
Data	Fecha
Assinatura	Firma

Ud. puede escuchar:

Você vai se registrar?	¿Se va a registrar?
Você tem reserva?	¿Tiene reserva?
Seu nome, por favor?	¿Su nombre, por favor?
Seu passaporte, por favor?	Su pasaporte, por favor
Assine aqui, por favor	Firme aquí, por favor
Por quantas noites?	¿Por cuántas noches?
Quanto tempo você vai ficar?	¿Cuánto tiempo Ud. se va a quedar?
Para quantas pessoas?	¿Para cuantas personas?
Com ou sem banheiro?	¿Con o sin baño?
Sinto muito, não temos vagas	Lo siento mucho, no hay cuartos disponibles
Este é o único quarto livre	Este es el único cuarto libre
Devemos ter outro quarto amanhã	Mañana vamos a tener otro cuarto disponible
As refeições estão/não estão incluídas	Las comidas están/no están incluidas

O café da manhã está incluído?
¿Es desanuyo está incluído?

Você pode preencher a ficha de registro, por favor?
¿Puede llenar la ficha de registro?

Recepción

Recepção

¿Dónde está la recepción?
Onde é a recepção?

Yo tengo reservas a nombre de...
Eu tenho reservas em nome de...

Yo confirmé mi reserva por teléfono/carta/e-mail/fax
Eu confirmei minha reserva por telefone/carta/e-mail/fax

Quiero un cuarto doble
Quero um quarto duplo

Con baño/ducha
Com banheiro/chuveiro

¿Cuánto cuesta...
  por noche?
  por semana?
Quanto custa?
  por noite?
  por semana?

¿En que piso está el cuarto?
Em que andar é o quarto?

¿Tienen un cuarto en primer piso?
Vocês têm um quarto no primeiro andar?

Cuarto

Quarto

A mi no me gusta este cuarto
Eu não gosto deste quarto

¿Uds. tienen otro?
Vocês têm outro?

Yo quiero un cuarto silencioso/más grande	Eu quero um quarto silencioso/maior
Me gustaría un cuarto con baranda/balcón	Eu gostaria de um quarto com sacada
Me gustaría un cuarto con vista...	Eu gostaria de um quarto com vista...
hacia la calle	para a rua
hacia el mar	para o mar
hacia la montaña	para a montanha
¿Hay teléfono/televisión/radio en el cuarto?	Há telefone/televisão/rádio no quarto?
¿El cuarto tiene aire acondicionado?	O quarto tem ar-condicionado?

Precio / Preço

¡Es muy caro!	É muito caro!
¿Uds. tienen algo más barato?	Vocês têm algo mais barato?
¿Las comidas están incluidas?	As refeições estão incluídas?
¿El desanuyo está incluido?	O café da manhã está incluído?
¿Cuánto vale el cuarto sin las comidas?	Quanto é o quarto sem as refeições?
¿Cuánto vale el cuarto con comidas/sólo con desanuyo?	Quanto é o quarto com pensão completa/só com café da manhã?

¿Uds. tienen un precio
  por semana?
¿Cuánto vale por semana?
¿Hay descuento para niños?

Vocês têm um preço
  por semana?
Quanto é por semana?
Há desconto para crianças?

Comidas

¿A qué hora es el
  desanuyo/almuerzo/
  comida?
¿Dónde está el comedor/
  el restaurant del hotel?

Refeições

A que horas é o café
  da manhã/almoço/
  jantar?
Onde é a sala de jantar/
  restaurante do hotel?

Servicio de cuarto

Camarera
Quiero el desanuyo en
  el cuarto, por favor
Puede pasar
Póngalo sobre la mesa,
  por favor
¿Me puede despertar
  a las 7 horas?
¿Me puede lavar/lavar
  en seco esta ropa?
¿Cuánto tiempo demora
  en lavar?
Yo quiero que limpien
  estos zapatos

Serviço de quarto

Arrumadeira
Quero o café da manhã no
  quarto, por favor
Entre
Ponha sobre a mesa,
  por favor
Pode me chamar
  às 7 horas?
Pode lavar/lavar a
  seco esta roupa?
Quanto tempo demora
  para lavar?
Eu quero que limpem
  estes sapatos

Yo quiero que planchen este terno	Eu quero que passem este terno
¿Cuándo estará listo?	Quando fica pronto?
Por favor, yo necesito de eso para mañana	Por favor, eu preciso disso para amanhã
¿Puede colocarlo en la cuenta?	Pode colocar na conta?
No hay agua caliente	Não há água quente
La descarga del retrete no funciona	A descarga do vaso não funciona
La luz no funciona	A luz não funciona
Las cortinas están trancadas	As cortinas estão emperradas
Por favor, ábralas/ciérrelas	Por favor, abra-as/feche-as
La sábana está sucia	O lençol está sujo
Está muy frío/caliente	Está muito frio/quente
¿Puede desconectar/ conectar el calentador, por favor?	Pode desligar/ligar o aquecimento, por favor?
El aire acondicionado no funciona	O ar-condicionado não funciona

Otros

¿El hotel tiene servicio de niñeras?	O hotel tem baby-sitter?
¿Hay garaje?	Há garagem?
¿Dónde puedo estacionar el auto?	Onde posso estacionar o carro?

(Llave) número...	(Chave) número...
¿Hay algún recado para mí?	Há algum recado para mim?
¿Puedo dejar esto en el cofre?	Posso deixar isto no cofre?
¿Puedo sacar mis cosas del cofre?	Posso tirar as minhas coisas do cofre?
Mi llave, por favor	Minha chave, por favor
¿Me puede prestar una máquina de escribir?	Pode me emprestar uma máquina de escrever?
Por favor, coloque esto en el correo	Por favor, coloque isto no correio
¿Uds. tienen fax?	Vocês têm fax?
Por favor, mande esto por fax	Por favor, envie isto por fax
¿Uds. tienen mapa de la ciudad/un guía turístico?	Vocês têm um mapa da cidade/um guia turístico?
Yo necesito de...	Eu preciso de...
una almohada	um travesseiro
una toalla	uma toalha
un vaso	um copo
un jabón	um sabonete
una frazada/manta	um cobertor
espuma de afeitar	espuma para barba
lámina de afeitar	lâmina de barbear
un cenicero	um cinzeiro
perchas/colgadores	cabides

papel higiénico	papel higiênico
papel de carta	papel de carta
sobres	envelopes
sellos/estampillas	selos
tarjetas postales	cartões-postais
una llave extra	uma chave extra

Saliendo del hotel

Estoy dejando el hotel	Estou deixando o hotel
Yo voy a salir mañana	Eu vou sair amanhã
¿Me puede hacer mi cuenta?	Pode aprontar minha conta?
¿Uds. aceptan tarjetas de crédito?	Vocês aceitam cartões de crédito?
Hay un error en la cuenta	Há um erro na conta
¿Puede mandar traer mi equipaje?	Pode mandar trazer minha bagagem?
Por favor, me lláme un taxi	Por favor, chame um táxi para mim
Quiero cerrar la cuenta	Quero fechar a conta
Me puede recomendar un hotel en...	Pode me recomendar um hotel em...
¿Ud. puede llamar y hacerme una reserva, por favor?	Você pode ligar e fazer-me uma reserva, por favor?

Librería
Livraria

¿Dónde encuentro una librería?	Onde encontro uma livraria?
Quiero este libro	Quero este livro
Quiero un libro para niños	Quero um livro para crianças
Quiero	Quero
una buena guía	um bom guia
un mapa	um mapa
un diccionario	um dicionário
¿Ud. tiene una edición más barata?	Você tem uma edição mais barata?
¿Un libro de bolsillo?	Um livro de bolso?
¿Ud. tiene una edición mejor?	Você tem uma edição melhor?
Es un regalo	É um presente

Vocabulario básico

autor	autor
libro	livro
librería	livraria

cuento de hadas	conto de fadas
tapa dura/portada dura	capa dura
romance histórico	romance histórico
ilustración	ilustração
biblioteca	biblioteca
kiosco de periódicos	banca de jornais
página	página
poesía	poesia
prosa	prosa
folleto	brochura
publicación	publicação
editorial	editora
cuento	conto
traducción	tradução
obra	obra
escritor	escritor

Ud. puede escuchar o leer

livro de ficção	libro de ficción
não-ficção	no-ficción
livro de bolso	libro de bolsillo
literatura	literatura
poesia	poesía
mais vendidos (também *best-sellers*)	más vendidos (también *best sellers*)
novidades	novedades

Médico
Médico

Ver también: **Farmacia**

En caso de emergência, Ud. puede llamar al teléfono 190 (policía) o 193 (rescate).

Ud. puede escuchar:

Qual o problema?	¿Cúal es el problema?
Onde dói?	¿Dónde duele?
Há quanto tempo você se sente assim?	¿Hace cuanto tiempo Ud. se siente así?
Quantos anos você tem?	¿Cuántos años tiene Ud.?
Você está tomando algum remédio?	¿Ud. está tomando algún remedio?
Você é alérgico a algum remédio?	¿Ud. es alérgico a algún remedio?
Por favor, tire a roupa	Por favor, sáquese la ropa
Sente-se, por favor	Siéntese, por favor
Deite-se de costas, por favor	Acuéstese de espalda, por favor

Deite-se de bruços, por favor	Acuéstese boca abajo, por favor
Respire fundo, por favor	Respire profundo, por favor
Vire-se	De se vuelta
Abra a boca	Abra la boca
Tussa, por favor	Tosa, por favor

Ud. puede necesitar decir:

¡Llamen una ambulancia!	Chamem uma ambulância!
Yo necesito de un médico	Eu preciso de um médico
Lléveme/llevenos al hospital más próximo, por favor	Leve-me/-nos ao hospital mais próximo, por favor
¡Rápido!	Rápido!
¿Alguien aquí habla español?	Alguém aqui fala espanhol?
Yo me siento mal	Eu me sinto mal
Yo no estoy bien	Eu não estou bem
Estoy enfermo	Estou doente
Mi grupo sanguíneo es II +/III/IIV+	Meu tipo sangüíneo é A+/B-/O-/AB+
Yo soy (él es)...	Eu sou (ele é)...
asmático	asmático
diabético	diabético
epiléptico	epilético
Yo soy (él es) alérgico a...	Eu sou (ele é) alérgico a...
antibióticos	antibióticos
penicilina	penicilina

cortisona
Yo estoy/ella está embarazada
Yo soy/él es hipertenso
Yo tengo problemas cardíacos
Estoy/él está tomando este remedio

Sintomas

Me duele aquí
Estoy com diarrea
Me siento mareado/con náuseas
Yo vomité
Me duele la cabeza
Me duele la garganta
Yo no consigo/él no consigue dormir
Yo no consigo/él no consigue orinar
Mi *(parte del cuerpo)* duele
Estoy menstruando

El cuerpo

abdomen

cortisona
Eu estou/ela está grávida
Eu sou/ele é hipertenso
Eu tenho problemas cardíacos
Estou/ele está tomando este remédio

Sintomas

Dói aqui
Estou com diarréia
Sinto-me tonto/enjoado

Eu vomitei
Estou com dor de cabeça
Estou com dor de garganta
Eu não consigo/ele não consegue dormir
Eu não consigo/ele não consegue urinar
Meu/minha *(parte do corpo)* dói
Estou menstruada

O corpo

abdome

arteria	artéria
articulación	junta
barriga	barriga
boca	boca
brazo	braço
cabeza	cabeça
columna	coluna
corazón	coração
cráneo	crânio
dedos de la mano	dedos da mão
dedos del pie	dedos do pé
espaldas	costas
frente	testa
garganta	garganta
hígado	fígado
hueso	osso
lengua	língua
miembros	membros
nalgas	nádegas
nariz	nariz
nervio	nervo
ojo	olho
oreja/oído	orelha/ouvido
órganos genitales	órgãos genitais
pecho	peito
pie	pé
pierna	perna
pulmones	pulmões

riñón	rim
rodilla	joelho
sangre	sangue
uña	unha

Expresiones útiles

alérgico	alérgico
analgésico	analgésico
consulta	consulta
digestión	digestão
disentería	disenteria
dolor	dor
dolor de estómago	dor de estômago
dolor de garganta	dor de garganta
dolor de oído	dor de ouvido
dolor en la espalda	dor nas costas
enfermedad	doença
enfermo	doente
fractura	fratura
gripe	gripe
grupo sanguíneo	tipo sangüíneo
herida	ferida
hipertensión	hipertensão
infarto	infarto
infección	infecção
menstruación	menstruação
presión sanguínea	pressão sangüínea
quemadura	queimadura

receta	receita
remedio	remédio
resfriado	resfriado
sordo	surdo
termómetro	termômetro
tos	tosse

Problemas de salud / Problemas de saúde

Yo tengo él (ella) tiene... / Eu tenho/ele (ela) tem...

un absceso	um abscesso
alergia	alergia
anemia	anemia
artritis	artrite
asma	asma
dolor en la espalda	dor nas costas
una herida	um machucado
peste cristal	catapora
bronquitis	bronquite
cólica	cólicas
diabetes	diabetes
náusea	enjôo
una inflamación	uma inflamação

Negocios
Negócios

Ud. puede escuchar:

Qual o nome de sua empresa, por favor?	¿Cuál es el nombre de su empresa, por favor?
O senhor está sendo esperado?	¿Lo están esperando?
Por aqui, por favor	Por aquí, por favor
Um momento, por favor	Un momento, por favor
Você tem um cartão de visita?	¿Ud. tiene una tarjeta de visita?

Ud. puede necesitar decir:

Necesito de un intérprete	Eu preciso de um intérprete
Tengo una cita con...	Eu tenho um encontro com...
Él me está esperando	Ele está à minha espera
¿Puedo dejar un recado?	Posso deixar um recado?
¿Dónde está su oficina?	Onde é seu escritório?
Yo necesito llamar a España	Eu preciso telefonar para a Espanha
Yo vine a la feria	Eu vim para a feira

Números
Números

Cardinales

1	um	19	dezenove
2	dois	20	vinte
3	três	21	vinte e um
4	quatro	22	vinte e dois
5	cinco	23	vinte e três
6	seis	24	vinte e quatro
7	sete	25	vinte e cinco
8	oito	26	vinte e seis
9	nove	27	vinte e sete
10	dez	28	vinte e oito
11	onze	29	vinte e nove
12	doze	30	trinta
13	treze	40	quarenta
14	catorze	50	cinqüenta
15	quinze	60	sessenta
16	dezesseis	70	setenta
17	dezessete	80	oitenta
18	dezoito	90	noventa

100	cem	1.000	mil
110	cento e dez	2.000	dois mil
200	duzentos	1.000.000	um milhão
300	trezentos	2.000.000	dois milhões
500	quinhentos		

Ordinales

1º	primeiro	24º	vigésimo quarto
2º	segundo	25º	vigésimo quinto
3º	terceiro	26º	vigésimo sexto
4º	quarto	27º	vigésimo sétimo
5º	quinto	28º	vigésimo oitavo
6º	sexto	29º	vigésimo nono
7º	sétimo	30º	trigésimo
8º	oitavo	40º	quadragésimo
9º	nono	50º	qüinquagésimo
10º	décimo	60º	sexagésimo
11º	décimo primeiro	70º	septuagésimo
12º	décimo segundo	80º	octogésimo
20º	vigésimo	90º	nonagésimo
21º	vigésimo primeiro	100º	centésimo
22º	vigésimo segundo	1.000º	milésimo
23º	vigésimo terceiro		

Papelería
Papelaria

Por favor, yo quiero...	Por favor, eu quero...
un block de papel de carta	um bloco de papel de carta
cinco sobres	cinco envelopes
un rollo de cinta adhesiva	um rolo de fita adesiva
un rollo de cordel	um rolo de barbante
¿Me puede mostrar algunos postales?	Pode me mostrar alguns cartões-postais?
¿Uds. tienen repuesto para este bolígrafo?	Vocês têm carga para esta caneta?

Vocabulario básico

sobre	envelope
goma de borrar	borracha
goma de pegar	cola
bolígrafo	caneta
lápiz	lápis
cinta adhesiva	fita adesiva
papel de regalo	papel de embrulho
papel de carta	papel de carta

Peluquería
Cabeleireiro

Peluquería	Cabeleireiro
Salón de belleza	Salão de beleza
Quiero pedir una hora...	Quero marcar um horário...
para el sábado	para sábado
a las 14 horas	às 14 horas
¿Hay muchas personas antes que yo?	Tem muita gente na minha frente?
cepillo, cepillar	escova, escovar
color	cor
peineta	pente
peinar	pentear
Quiero cambiar de peinado	Quero mudar o penteado
Quiero...	Quero...
cortarme el pelo	cortar o cabelo
hacerme la permanente	fazer uma permanente
tenirme el pelo	tingir o cabelo
Quiero mi pelo...	Quero meu cabelo...
más claro	mais claro
más oscuro	mais escuro
del mismo modo	do mesmo jeito

más corto	mais curto
más largo	mais comprido
Me gustaría lavarme el pelo	Gostaria de lavar o cabelo

Manicuro/Manicura

Quiero arreglarme las uñas	Quero fazer as mãos
Quiero las uñas más cortas	Quero as unhas mais curtas
Por favor, solo lime las uñas	Por favor, apenas lixe as unhas

Vocabulario básico

manicuro/manicura	manicure
uña	unha
esmalte de uñas	esmalte de unhas
rubio	louro
castaño	castanho
pelirrojo/colorín	ruivo
cepillo/cepillar	escova/escovar
color	cor
peineta/peinar	pente/pentear
descolorir	descoloração
descolorir el pelo	descolorir o cabelo
peinado	penteado
teñir	tingir
pedicuro/pedicura	pedicure

grasoso oleoso
seco seco
con caspa com caspa
permanente permanente

Ud. puede escuchar:

Ud. puede necesitar decir:

Gostaria de cortar o cabelo?
¿Le gustaría cortarse el pelo?

Sim, por favor/Não, quero apenas fazer o cabelo
Sí, por favor/No, sólo quiero peinarme

Como você quer seu cabelo?
¿Cómo Ud. quiere su pelo?

O mesmo penteado/ Um estilo da moda...
El mismo peinado/ un estilo de moda...

Está bem assim?

¿Está bien así?

Está bem/Não. Mais curto, por favor
Está bien/No. Mas corto, por favor

Gostaria das unhas mais curtas?
¿Le gustaría las uñas más cortas?

Sim, por favor/ Não, apenas lixe-as
Sí, por favor/No, sólo limelas

Que cor você prefere?

¿Qué color Ud. prefiere?

Uma cor clara/ Um esmalte rosa-claro
Un color claro/Un esmalte rosa claro

Ver también: **Colores**

Policía
Polícia

¿Dónde queda la comisaría de policía?	Onde fica a delegacia de polícia?
Fui robado/atacado	Fui roubado/atacado
Sufrí un accidente	Sofri um acidente
Alguien me robó...	Alguém roubou...
Yo perdí...	Eu perdi...
mi pasaporte	meu passaporte
mi tarjeta de crédito	meu cartão de crédito
mi equipaje	minha bagagem
mi bolso	minha bolsa
Entraron en mi auto	Entraram no meu carro
Robaron mi auto	Roubaram meu carro
Necesito de una constancia de la denuncia para el seguro	Preciso de um boletim de ocorrência para o seguro
Quiero hablar con una policía mujer	Quero falar com uma policial feminina
Fui violada	Fui violentada

Policía de tránsito

Soy extranjero	Sou estrangeiro
Mi carnet de chofer no es de Brasil	Minha carteira de motorista não é do Brasil
Yo no sabía el límite de velocidad	Eu não sabia do limite de velocidade
Lo siento mucho	Eu sinto muito

Ud. puede escuchar:

Sua carteira de motorista, por favor	Su carnet de chofer, por favor
Seus documentos e os do carro, por favor	Sus documentos y los del auto, por favor
Você fez uma conversão perigosa	Ud. hizo un viraje peligroso
Você passou o sinal vermelho	Ud. pasó con luz roja

Problemas
Problemas

En caso de emergencia, en Brasil, llame al número 190 (policía), 192 (emergencias médicas) o 193 (accidentes).

Socorro	Socorro
Ocurrió un accidente	Aconteceu um acidente
Hay heridos	Há feridos
Llamen...	Chamem...
la policía	a polícia
una ambulancia	uma ambulância
Estoy perdido	Estou perdido
Perdí mi billetera	Perdi minha carteira
mi pasaporte	meu passaporte
mi cartera	minha bolsa
No sé volver a mi hotel	Não sei voltar para meu hotel
Robaron mi billetera	Roubaram minha carteira
mi equipaje	minha bagagem
Llamen una ambulancia	Chamem uma ambulância
¡Perdí el avión!	Perdi meu avião!

Necesito hacer un llamado telefónico urgente
consulado
Consulado Chileno/Argentino/Colombiano/Boliviano/Peruano/Uruguayo/Paraguayo/Venezolano/Puerto Riqueño/Español
embajada
Embajada Chilena/Argentina/Colombiana/Boliviana/Peruana/Uruguaya/Paraguaya/Venezolana/Puerto Riqueña/Española
policía
policial

Preciso fazer um telefonema urgente

consulado
Consulado Chileno/Argentino/Colombiano/Boliviano/Peruano/Uruguaio/Paraguaio/Venezuelano/Porto-riquenho/Espanhol
embaixada
Embaixada Chilena/Argentina/Colombiana/Boliviana/Peruana/Uruguaia/Paraguaia/Venezuelana/Porto-riquenha/Espanhola
polícia
policial

Recreación
Lazer

Viendo lugares turísticos

¿Qué hay para ver aquí/en esta ciudad?	O que há para se ver aqui/nesta cidade?
¿Dónde queda el museo?	Onde fica o museu?
Quiero ir a una iglesia	Quero ir a uma igreja
un museo	um museo
una galería de arte	uma galeria de arte
la playa	praia
una catedral	catedral
al festival	ao festival
al concierto	ao concerto
al estadio	ao estádio
al teatro	ao teatro
al palacio	ao palácio
boite	boate
¿Hay visitas con guía?	Há visitas com guia?
¿Hay una buena excursión turística?	Há uma boa excursão turística?

¿Cuánto tiempo demora la excursión?	Quanto tempo demora a excursão?
¿El guía habla portugués/español?	O guia fala português/espanhol?
¿Cuándo?	Quando?
Yo quiero un buen guía turístico	Eu quero um bom guia turístico
¿A que hora abre el museo?	A que horas abre o museu?
¿Cuánto cuesta la entrada?	Quanto custa a entrada?
¿Se puede sacar fotografías aquí?	Pode-se tirar fotografias aqui?
¿Ud. puede sacar una foto mía/nuestra?	Você pode tirar uma foto minha/nossa?
¿Cuándo esto fue construido?	Quando isto foi construído?

Vida nocturna

¿Qué se puede hacer en la noche?	O que há para se fazer à noite?
¿Hay buenas discotecas/boites?	Existem boas danceterias/boates?
Me gustaría ir a algún lugar con música brasileña/bossa nova	Gostaria de ir a algun lugar com música brasileira/bossa nova
Queremos hacer dos reservas para hoy por la noche	Queremos fazer duas reservas para hoje à noite

¿A qué hora comienza el show?	A que horas começa o show?
¿Es necesario comprar las entradas con anticipación?	É necessário comprar os ingressos com antecedência?
¿Uds. cobran consumo mínimo?	Vocês cobram consumação mínima?
¿Cuánto és?	Quanto é?
¿El servicio está incluido?	O serviço está incluído?

Teatro — Teatro

Esta noche me gustaría ir al teatro	Esta noche eu gostaria de ir ao teatro
Me gustaría ver una buena pieza teatral	Eu gostaria de assistir a uma boa peça
Me gustaría ver una pieza teatral contemporánea/brasileña	Gostaria de ver uma peça contemporânea/brasileira
Me gustaría ver una pieza teatral famosa	Gostaria de ver uma peça famosa
¿De qué trata la pieza teatral?	Sobre o que é a peça?
¿Es una comedia/drama?	É uma comédia/drama?
¿Hay alguien famoso en el elenco?	Tem alguém famoso no elenco?
¿Dónde se están presentando?	Onde a peça está em cartaz?

Cine

Me gustaría ver una buena película
Me gustaría ver películas brasileñas
¿Cuál es el tema de la película?
Me gustaría ver una comedia/drama
¿Hay alguien famoso en el elenco?

Cinema

Eu gostaria de assistir a um bom filme
Eu gostaria de ver filmes brasileiros
Sobre o que é esse filme?

Eu gostaria de ver uma comédia/um drama
Tem alguém famoso no elenco?

Comprando entradas

¿Dónde queda la taquilla?
Dos entradas en el medio, por favor
Cerca del tablado/de la pantalla, por favor
Prefiero quedar más atrás
Quiero un programa

Comprando ingressos

Onde fica a bilheteria?
Dois ingressos no meio, por favor
Próximo ao palco/à tela, por favor
Prefiro ficar mais afastado
Eu quero um programa

Vocabulario básico

artista	artista
acto	ato
actor	ator
actriz	atriz

Portugués para viaje

butacal	poltrona
circo	circo
director	diretor
película (de cine)	filme (de cinema)
entrada/boleto	ingresso
tablado	palco
papel	papel
pantalla (del cine)	tela (do cinema)

Ropas
Roupas

Tamaños

Ropas femeninas

Brasil	Demás países de América del Sur e España
38	38
40	40
42	42
44	44
46	46
48	48

Ropas masculinas

Brasil	Demás países de América del Sur e España
40	40
42	42
44	44
46	46

48	48
50	50
52	52
P (Pequeno)	P (Pequeño)
M (Médio)	M (Mediano)
G (Grande)	G (Grande)
GG (Extra Grande)	XG (Extra Grande)

Zapatos / Zapatos

Brasil	Demás países de América del Sur e España
34	34
35	35
36	36
37	37
38	38
39	39
40	40
41	41
42	42
43	43
44	44
45	45

Quiero...	Quero...
una camisa	uma camisa
ropa de hombre	roupa de homem
ropa de mujer	roupa de mulher

Me gustaría probarme pantalones	Gostaria de experimentar calças
Mi número es...	O meu número é...
¿Me puede medir, por favor?	Pode me medir, por favor?
¿Puedo probarme?	Posso experimentar?
¿Dónde quedan los probadores?	Onde ficam os provadores?
¿Hay un espejo?	Tem um espelho?
Está muy grande/pequeño	Está muito grande/pequeno
Está muy ancho/estrecho	Está muito folgado/justo
No me gusta	Eu não gosto
Me gusta el estilo, pero no el color	Eu gosto do estilo, mas não da cor
No me gusta el color	Eu não gosto da cor
Muéstreme otros, por favor	Mostre-me outros, por favor
Yo necesito que combine con esto	Eu preciso que combine com isto
¿Ud. tiene algo...?	Você tem algo...?
más barato	mais barato
diferente	diferente
más grande	maior
más pequeño	menor
en cuero	em couro
gris	cinza
rojo	vermelho
lila	lilás

verde	verde
negro	preto
blanco	branco

Ropa

Quiero un/una...	Quero um/uma
abrigo (sobretodo)	sobretudo
anteojos/gafas de sol	óculos de sol
bermuda	calção
blusa	blusa
botas	botas
calzoncillos	cuecas
calzones	calcinha
camisa	camisa
camisa de dormir	camisola
camisa polo	camisa pólo
camiseta	camiseta
cartera	bolsa
chalas/sandalias	sandálias
chaqueta	casaco
chaqueta de lana	casaco de lã
chaqueta de piel	casaco de pele
cinturón	cinto
corbata	gravata
falda	saia
guantes	luvas
impermeable	capa de chuva
lingerie	lingerie

mangas cortas	mangas curtas
mangas largas	mangas compridas
media panty	meia-calça
medias	meias
pañuelo	lenço
pijama	pijama
pullover	pulôver
ropa íntima	roupa de baixo
saco	paletó
smoking	smoking
sombrero	chapéu
sostén	sutiã
taco alto	salto alto
terno	terno
traje	tailleur
traje de baño (femenino)	maiô
traje de baño (masculino)	calção de banho
vaqueros/blue jeans	jeans
vestido	vestido
zapatos	sapatos

Tipos de tejidos

algodón	algodão
cuero	couro
lana	lã
lino	linho

nailon	náilon
piel (de animal)	pele (de animal)
poliéster	poliéster
satén	cetim
seda	seda
sintético	sintético

Ver también: **Colores**.

Señales
Sinais

Ud. puede ver:

aberto	abierto
alfândega	aduana
alta voltagem	alto voltage
aviso	aviso
banheiro	baño
banheiro feminino	baño femenino
banheiro masculino	baño masculino
bilheteria	boletería
câmbio	cambio
cavalheiros	caballeros
chegada	llegada
cuidado	cuidado
desvio	desvío
devagar	despacio
dirija com cuidado	maneje con cuidado
elevador	ascensor
entrada	entrada
entrada proibida	entrada prohibida

escada	escalera
escada rolante	escalera rodante
estacionamento proibido	estacionamiento prohibido
fechado	cerrado
frio	frío
horário	horario
informações	informaciones
internacional	internacional
limite de velocidade	limite de velocidad
mantenha-se afastado	manténgase a distancia
mão única (de trânsito)	sentido único
metrô	metro
multa	multa
pare	pare
particular	particular
perigo	peligro
ponto de ônibus	paradero de ómnibus
portão	puerta
proibido fumar	prohibido fumar
quebrado	quebrado
quente	caliente
saída	salida
senhoras	señoras
empurre	empujar
puxe	pujar

Teléfono
Telefone

En portugués, como en español, los números de teléfono son dichos hablándose los algarismos separadamente:

555-9850

cinco cinco cinco, nove oito, cinco zero (cinco cinco cinco, nueve ocho, cinco cero).

Frecuentemente, al número "seis" le dicen "meia", ejemplo: 222-6055, dois dois dois, **meia** zero, cinco cinco (dos dos dos, seis cero, cinco cinco). Hacen eso para no confundir seis con três, pues tienen sonidos parecidos.

Ud. puede escuchar:

Alô?	¿Aló?
Quem está falando?	¿Quién está hablando?
Um momento	Un momento
Um momento, por favor	Un momento, por favor
Estou tentando fazer a ligação	Estoy tratando de hacer una llamada
Desculpe, número errado	Disculpe, número equivocado

Cabine número	Cabina número
Não desligue	No corte
Pode falar	Puede hablar
Qual o prefixo da região (cidade)?	¿Cuál es el prefijo de la región (ciudad)?

Ud. puede necesitar decir:

¿Dónde puedo llamar por teléfono?	Onde posso telefonar?
Local/interurbana/internacional	Local/interurbano/internacional
Yo quiero llamar a este número... en Chile	Eu quero ligar para este número... no Chile
¿Ud. me puede hacer una llamada?	Você pode discar para mim?
Quiero hacer una llamada telefónica	Quero fazer uma ligação
Quiero que sea a cobrar	Quero que seja a cobrar
¿Cuánto vale la llamada telefónica para México/Uruguay?	Quanto é a ligação para o México/Uruguai?
Se cayó la línea	A linha caiu
¿Qué monedas necesito?	De que moedas preciso?
¿Ud. tiene una guía de teléfonos?	Você tem uma lista telefônica?
Anexo 102	Ramal 102
Yo no hablo portugués	Eu não falo português

Despacio, por favor	Devagar, por favor
¿Puedo esperar?	Posso esperar?
El prefijo de la ciudad es 35	O prefixo da cidade é 35
ocupado	ocupado
llamada a cobrar	chamada a cobrar
llamada local	chamada local
interurbano	interurbano
telefonista	telefonista

Transportes
Transportes

Tren

Trem

Ud. puede escuchar:

Sai às oito e meia	Sale a las ocho y media
Chega às oito	Llega a las ocho
É na plataforma número um	Está en el andén número uno
Você tem de fazer baldeação em...	Ud. tiene que hacer transbordo en...
Para quando você quer a passagem?	¿Para cuándo Ud. quiere el pasaje?
Passagem só de ida ou de ida e volta?	¿Pasaje sólo de ida o de ida y vuelta?
Quando você quer voltar?	¿Cuándo Ud. quiere volver?
Fumante ou não-fumante?	¿Fumadores o no fumadores?

Ud. puede necesitar decir:

¿Dónde está la estación de trenes?	Onde é a estação de trens?

¿Dónde está la boletería?	Onde é a bilheteria?
¿Hay un tren para...?	Há um trem para...?
¿Ud. tiene el horario de trenes para...?	Você tem o horário de trens para...?
¿A que hora parte el primer tren para...?	A que horas parte o primeiro trem para...?
El próximo tren	O próximo trem
El último tren	O último trem
Un pasaje/dos pasajes en el tren de las 8:15 para...	Uma passagem/duas passagens no trem das 8:15 para...
¿De que andén parte el tren para...	De que plataforma parte o trem para...
Sólo ida	Só ida
Ida y vuelta	Ida e volta
Primera /segunda clase	Primeira/segunda classe
¿Tengo que hacer transbordo?	Tenho de fazer baldeação?
¿Este lugar está desocupado?	Este lugar está vago?
¿Este lugar está reservado?	Este lugar está reservado?

Ómnibus

Ônibus

Quiero un ómnibus para el aeropuerto	Quero um ônibus para o aeroporto
¿Cuánto vale el pasaje de ómnibus?	Quanto é a passagem de ônibus?

A que hora parte el ómnibus para...?	A que horas sai o ônibus para...?
Es necesario cambiarse de ómnibus?	É preciso mudar de ônibus?
El próximo ómnibus	O próximo ônibus
El último ómnibus	O último ônibus
¿Este lugar está desocupado?	Este lugar está vago?
¿Dónde tomo el ómnibus para...	Onde pego o ônibus para...
el hotel?	o hotel?
el centro de la ciudad?	o centro da cidade?
el aeropuerto?	o aeroporto?
la playa?	a praia?
¿Ud. me puede avisar cuando debo bajarme?	Você pode me avisar quando devo descer?
Yo quiero bajarme	Eu quero descer
En el próximo paradero, por favor	No próximo ponto, por favor
Un pasaje/dos pasajes para..., por favor	Uma passagem/duas passagens para..., por favor
paradero de ómnibus	ponto de ônibus
rodoviaria	rodoviária
pasaje	passagem
tarifa	tarifa

Metro

¿Dónde está la estación del metro más próxima?
¿Ud. tiene un mapa del metro?
Yo quiero ir hacia...
¿Cual línea va hacia...?
Un/dos boleto(s), por favor
¿Cuánto es?

Taxi

Por favor, me lláme un taxi
¿Está desocupado?
Por favor, lléveme...
 al aeropuerto
 al centro de la ciudad
 al Hotel Continental
 a esta dirección
¿Es lejos?
Cuánto va a costar?
Por favor, estoy atrasado, ¿puede ir más rápido?
Pare aquí, por favor
¿Cuánto cobra por hora/día?

Metrô

Onde é a estação de metrô mais próxima?

Você tem um mapa do metrô?
Eu quero ir para...
Qual linha vai para...?
Um/dois bilhete(s), por favor
Quanto é?

Táxi

Por favor, chame-me um táxi
Está livre?
Por favor, leve-me...
 ao aeroporto
 ao centro da cidade
 ao Hotel Continental
 a este endereço
É longe?
Quanto vai custar?
Por favor, estou atrasado, pode ir mais depressa?
Pare aqui, por favor
Quanto você cobra por hora/día?

¿Cuánto vale?	Quanto é?
¡Es demasiado!	É demais!

Arrendando auto — Alugando carro
Ud. puede necesitar decir:

Yo quiero arrendar/alquilar un auto	Eu quero alugar um carro
Yo quiero un auto pequeño/grande	Eu quero um carro pequeno/grande
Un auto automático, por favor	Um carro automático, por favor
¿Cuánto cuesta...?	Quanto custa...?
por día	por dia
por tres días	por três dias
por una semana	por uma semana
por el fin de semana	pelo fim de semana
¿El kilometraje está incluido?	A quilometragem está incluída?
¿El seguro está incluido?	O seguro está incluído?
¿Cuánto más tengo que pagar por un seguro total?	Quanto eu tenho de pagar a mais por um seguro total?
¿Puedo dejar el auto en el aeropuerto?	Posso deixar o carro no aeroporto?
¿Puedo dejar el auto en... Belo Horizonte?	Posso deixar o carro em... Belo Horizonte?
¿Ud. me puede mostrar los controles, por favor?	Você pode me mostrar os controles, por favor?

Ud. puede escuchar:

Aqui está a chave	Aquí está la llave
Que tipo de carro você quer?	¿Qué tipo de auto Ud. quiere?
Aperte o cinto de segurança	Colóquese el cinturón de seguridad
Você não pode estacionar aqui	Ud. no puede estacionar aquí
Sua carteira de motorista, por favor	Su carnet de chofer, por favor

Gasolinera / Posto de gasolina

¿Hay alguna gasolinera por aquí?	Há algum posto de gasolina por aqui?
Lléneme el tanque	Complete
¿Ud. me puede ver los neumáticos?	Você pode ver os pneus?
¿Ud. me puede limpiar el parabrisas?	Você pode limpar o pára-brisa?
Verifique el aceite, por favor	Examine o óleo, por favor
Lave el auto, por favor	Lave o carro, por favor
¿Ud. tiene un guía de caminos?	Você tem um guia rodoviário?
Mi auto quedó en pane	Meu carro quebrou
Yo sufrí un accidente	Eu sofri um acidente

Piezas de auto

acelerador
amortiguador
batería
bocina
cambio
capó
carrocería
cinturón de seguridad
embrague
faro
filtro de ar
frenos
guarda barros
limpiaparabrisas
llaves del auto
luz de freno
maletero
neumático marchito
palanca de cambio
　de marchas
parabrisas
parachoques
pedal de freno
rueda
transmisión
triángulo de emergencia
tubo de escape

Peças de carro

acelerador
amortecedor
bateria
buzina
câmbio
capô
carroceria
cinto de segurança
embreagem
farol
filtro de ar
freios
pára-lamas
limpadores de pára-brisa
chaves do carro
luz de freio
porta-malas
pneu murcho
alavanca de mudança
　de marchas
pára-brisa
pára-choque
pedal de freio
roda
transmissão
triângulo de emergência
cano de escape

Problemas con el auto

La batería se descargó	A bateria arriou
Los frenos no están funcionando bien	Os freios não estão funcionando bem
El cambio necesita ser verificado	O câmbio precisa ser verificado
Está vaciando aceite	Está vazando óleo
El motor está sobrecalentando	O motor está superaquecendo
El limpiaparabrisas se quebró	O limpador de pára-brisa quebrou

Ud. puede ver o escuchar:

Limite de velocidade	Límite de velocidad
Placa	Patente
Carteira de motorista	Carnet de chofer/conducir
É necessário consertá-lo	Es necesario arreglarlo
Vai ficar em sessenta reais	Va a costar sesenta reais

Vocabulario Portugués-Español

adj = adjetivo
m = substantivo masculino
f = substantivo femenino
v = verbo

A

aberto, abierto
abraçar *v*, abrazar
abrangente, abarcante
abrir *v*, abrir
absorventes *m*, compresas higiénicas
aceitar *v*, aceptar
achar *v*, hallar; encontrar
acidente *m*, accidente
açúcar *m*, azúcar
agência de correio *m*, agencia de correo
agradar *v*, agradar
agradável *adj*, agradable
agradecimento *m*, agradecimiento
água *f*, agua
ainda, todavía
alegre *adj*, alegre
alegria *f*, alegría
alérgico, alérgico
alimento *m*, alimento
almoço *m*, almuerzo
almoçar *v*, almorzar
alto *adj*, alto
alugar *v*, arrendar; alquilar
amanhã, mañana
amar *v*, amar
ambulância *f*, ambulancia
amigo/a *m/f*, amigo/a
amor *m*, amor
animal, animal

animal de estimação, mascota
aniversário *m*, cumpleaños
anterior, anterior
antes, antes
antibióticos *m*, antibióticos
aquecer *v*, calentar
aqui, aquí
arroz *m*, arroz
assento *m*, asiento; silla
assinatura *f*, firma
assistência *f*, asistencia
atrás, atrás
atrasado, atrasado
atraso *m*, atraso
através, a través
aula *f*, aula, clase
automático, automático
avançado, avanzado
avenida *f*, avenida
avião *m*, avión

B

bagagem *f*, equipaje
baixo *adj*, bajo
balcão *m*, balcón
banheira *f*, tina; bañera
banheiro *m*, baño
banho *m*, ducha
barato *adj*, barato
barriga *f*, barriga
batata *f*, papa; patata
bater *v*, pegar; golpear
bateria *f*, batería
batida *f*, choque; golpe; tipo de bebida alcohólica
bebê *m*, bebé
bebida *f*, bebida
bem-vindo/a, bienvenido/a
bife *m*, bistec
bilhete *m*, billete; boleto; entrada
biscoito *m*, galleta
blusa *f*, blusa
boca *f*, boca
bom *adj*, bueno
braço *m*, brazo
branco, blanco
breve, breve
brilhar *v*, brillar
brilho *m*, brillo

C

cabana *f*, cabaña
cabeça *f*, cabeza
cabide *m*, percha; colgador

Cachimbo → Chorar

cachimbo *m*, pipa
cadeira *f*, silla
café *m*, café
café da manhã *m*, desanuyo
caixa *m/f*, caja
caixa (supermercado), caja
calças *f*, pantalones
câmara de vídeo, cámara de vídeo
camareira *f*, camarera
camisa *f*, camisa
camisola *f*, camisa de dormir
cano *m*, tubo
cantar *v*, cantar
capitão *m*, capitán
cardíaco, cardíaco
carga *f*, carga
carne *f*, carne
carne *f* **de porco** *m*, carne de cerdo
caro *adj*, caro
carro *m*, auto; coche
cartão *m*, tarjeta
cartão-postal *m*, tarjeta postal
carteira *f*, billetera
carteira *f* **de motorista,** carnet de chofer; carnet de conducir
casaco *m*, chaqueta
casado, casado
casar *v*, casar
cavalheiro *m*, caballero
cem, cien
centeio *m*, centeno
centro *m*, centro
centro (de la ciudad), centro
cereja *f*, cereza
certo, cierto
cerveja *f*, cerveza
chá *m*, té
chamar *v*, llamar
chão *m*, suelo
chapéu *m*, sombrero
chave *f*, llave
chegar *v*, llegar
cheque *m*, cheque
cheque de viagem *f*, cheque de viaje; cheque de viajero
chope *m*, chopp
chorar *v*, llorar

churrasco *m*, asado; churrasco
chuveiro *m*, ducha
cidade *f*, ciudad
cigarro *m*, cigarrillo
cinto *m*, cinturón
cinto de segurança, cinturón de seguridad
cinza, plomo, gris (color); ceniza (cigarrillo)
cinzeiro *m*, cenicero
classe *f*, clase
cobertor *m*, frazada; manta
cobrança *f*, cobranza
cobrar *v*, cobrar
cobrir *v*, cubrir; tapar
cofre *m*, cofre
coleta *f*, recolección
colher *f*, cuchara
como, como
comprar *v*, comprar
comprender *v*, compreender
compromisso *m*, compromiso
conectar *v*, conectar
conta *f*, cuenta
contrário, contrario
contratar *v*, contratar
cópia *f*, copia
coquetel *m*, cóctel
cor *f*, color
correio *m*, correo
correio aéreo *m*, correo aéreo
correspondência *f*, correspondencia
correto, correcto
corrigir *v*, corregir
cortinas *f*, cortinas
cortisona *f*, cortisona
couro *m*, cuero
cozinha *f*, cocina
cozinheiro/a *m/f*, cocinero/a
criança *f*, niño
cromo *m*, cromo; slide
cuidar *v*, cuidar

D

dança *f*, danza
dançar *v*, danzar
dano *m*, daño
dar *v*, dar
data *f*, fecha

declarar *v*, declarar
dente *m*, diente
desconto *m*, descuento
desculpa *f*, disculpa
desenvolver *v*, desarollar
desjejum *m*, desanuyo
dia *m*, día
diarréia *f*, diarrea
diferente, diferente
dinheiro *m*, dinero
direita, derecha
divorciado/a *m/f*, divorciado/a
divorciar *v*, divorciar
dizer *v*, decir
doce *adj*, dulce
doente *adj*, enfermo
doer *v*, doler
dor *f*, dolor
doutor(a) *m/f*, doctor
drinque *m*, bebida
duplo, doble

E

economia *f*, economía
elevado, elevado
embrulhado, envuelto
emitir *v*, emitir
encher *v*, llenar
enchimento *m*, llenado
encomenda *f*, encomienda
encontrar *v*, encontrar
encontro *m*, encuentro
endereço *m*, dirección
engano *m*, engaño
enjoado, con náuseas; mareado
envelhecido, envejecido
errado, errado
erro *m*, error
escova *f*, cepillo
escrever *v*, escribir
escritório *m*, oficina
especialidade *f*, especialidad
espelho *m*, espejo
espera *f*, espera
esperar *v*, esperar
espesso, espeso
esposa *f*, esposa
espuma *f*, espuma
esquerda, izquierda
esquina *f*, esquina
estação *f*, estación

estacionamento *m,* estacionamiento
estacionar *v,* estacionar
estante *f,* repisa; estante
estilo *m,* estilo
estrada *f,* camino; carretera
estrangeiro, extranjero
estrear *v,* estrenar
estrela, estrella
exposição *f,* exposición
extensão *f,* extensión

F

faca *f,* cuchillo
falar *v,* hablar
família *f,* familia
fechado, cerrado
fechar *v,* cerrar
feijão *m,* frijol; poroto
feira *f,* feria
feixe *m,* fajo
feliz *adj,* feliz
feriado *m,* día de fiesta; vacaciones
ferida *f,* herida
ferir *v,* herir
ferver *v,* hervir
filme *m,* película
fixar *v,* fijar
fogo *m,* fuego
folha *f,* hoja
fones de ouvido *m,* audífonos
formulário *m,* formulario
fósforo *m,* fósforo
fotografia *f,* fotografía
frio, frío
frutas *f,* frutas
fumaça *f,* humo
furtar *v,* robar
futebol *m,* fútbol

G

galinha *f,* gallina
ganso *m,* ganso
garagem *f,* garaje
garfo *m,* tenedor
garganta *f,* garganta
garrafa *f,* botella
gato *m,* gato
geléia *f,* jalea; mermelada
gelo *m,* hielo
grande, grande
grátis *adj,* gratis; gratuito
grávida *f,* embarazada

gritar *v*, gritar
guardanapo *m*, servilleta
guia *f*, guía

H
hoje, hoy
homem *m*, hombre
hora *f*, hora
horário *m*, horario

I
idade *f*, edad
imenso *adj*, inmenso
incluir *v*, incluir
infecção *f*, infección
informação *f*, información
interessante, interesante
intérprete *m*, intérprete
irmã *f*, hermana
irmão *m*, hermano

J
janela *f*, ventana
jantar *m*, comida; cena
jaqueta *f*, chaqueta
jogar *v*, jugar
jogo *m*, juego

L
lá, allá
ladrão *m*, ladrón
lanche *m*, merienda
laranja *f*, naranja
lavanderia *f*, lavandería
leite *m*, leche
lento *adj*, lento; despacio
letra *f*, letra
licença *f*, licencia; permiso
lilás, lila
limão, limón
limpo, limpio
lista *f*, lista
livro *m*, libro
lixo *m*, basura
local, local; lugar
loja *f*, tienda
longe, lejos
longo, largo
luva *f*, guante
luz *f*, luz

M
maçã *f*, manzana
macarrão *m*, macarrón; fideos
macio *adj*, suave; blando

maço de cigarros *m*, cajetilla de cigarrillos
mala *f*, maleta
manga (de camisa) *f*, manga
manhã *f*, mañana
manteiga *f*, mantequilla
mão *f*, mano
mapa *m*, mapa
máquina *f*, máquina
máquina de escrever, máquina de escribir
mar *m*, mar
marido *m*, marido
marrom, marrón
massa *f*, masa
matéria *f*, materia
mau *adj*, malo
medida *f*, medida
meia *f*, media (vestir); media/o (cuantidad)
meia-noite *f*, medianoche
meio *m*, medio
meio, mitad
meio-dia *m*, mediodía
mel *m*, miel
menina *f*, niña
menino *m*, niño
mensagem *f*, mensaje
mente *f*, mente
mentira *f*, mentira
mercearia *f*, almacén; tienda de comestibles
mesa *f*, mesa
metade, mitad
metrô *m*, metro
minuto *m*, minuto
modo *m*, modo
moeda *f*, moneda
molhado, mojado
molho *m*, salsa
montanha *f*, montaña
mostra *f*, muestra
mostrador *m*, mostrador
mulher *f*, mujer
multa *f*, multa
museu *m*, museo

N

nacionalidade *f*, nacionalidad
namorada *f*, enamorada
namorado *m*, enamorado
nariz *m*, nariz
nascimento *m*, nacimiento
navalha *f*, navaja; lámina

navio *m*, barco
negócios *m*, negocios
noite *f*, noche
nome *m*, nombre
nota *f*, nota
novamente, nuevamente
novo, nuevo

O

obedecer *v*, obedecer
obter *v*, obtener
obturação *f*, empaste; tapadura
óculos *m*, anteojos; lentes
ocupação *f*, ocupación; profesión
ocupado, ocupado
oferta *f*, oferta
óleo *m*, aceite
olhar *m*, mirada
olhar *v*, mirar; observar; examinar
ônibus *m*, ómnibus
ontem, ayer
ordem *f*, orden
orelha *f*, oreja
ouvido *m*, oído
ovo *m*, huevo

P

pacote *m*, paquete
pagamento *m*, pago
pai *m*, padre
país *m*, país
palavra *f*, palabra
paletó *m*, saco
pão *m*, pan
papel *m*, papel
pára-brisa *m*, parabrisas
parada *f*, parada
parque *m*, parque
partida *f*, partida
passado *m*, pasado
passagem *f* (de avión, ómnibus, etc.), pasaje
passagem de ida e volta, pasaje de ida y vuelta
passagem só de ida, pasaje sólo de ida
passaporte *m*, pasaporte
pássaro *m*, pájaro
pé *m*, pie
pedaço *m*, pedazo
pedir *v*, pedir
peito *m*, pecho
peixe *m*, pescado (comer); pez (acuario)

pendurar *v*, colgar
penicilina *f*, penicilina
pequeno *adj*, pequeño
pêra *f*, pera
perdão *m*, perdón
perna *f*, pierna
pêssego *m*, durazno
piedade *f*, piedad
pilha *f*, pila
pipoca *f*, palomitas
plataforma *f*, andén
pneu *m*, neumático
polícia *f*, policía
portão *m*, portón
povo *m*, pueblo
praia *f*, playa
prato *m*, plato
prazer *m*, placer
preço *m*, precio
presente *m*, regalo; presente (momento)
presidente *m/f*, presidente
pressão *f*, presión
presunto *f*, jamón
preto, negro
primeiro, primero
principal, principal
problema *m*, problema
pronto, pronto; listo
propósito *m*, propósito
próprio, propio
próximo, próximo
pulmão *m*, pulmón

Q

quarteirão *m*, cuadra
quarto *m*, cuarto; habitación (dormitório); cuarto (número)
quase, casi
quebrar *v*, quebrar
queijo *m*, queso
queimadura *f*, quemadura
quente *adj*, caliente
quilometragem *f*, kilometraje

R

raio *m*, rayo
raiz *f*, raiz
razão *f*, razón
recado *m*, recado; mensaje
receber *v*, recibir
recomendar *v*, recomendar
rede *f*, red
refeição *f*, comida

refrigerante *m*, gaseosa
registrar *v*, registrar
registro *m*, registro
rei *m*, rey
remédio *m*, remedio
reserva *f*, reserva
respiração *f*, respiración
reunião *f*, reunión
revelar *v* **um filme fotográfico**, revelar una película
roubar *v*, robar
roupa *f*, ropa
roupa íntima *f*, ropa íntima
rua *f*, calle
rubor *m*, rubor

S

sabão *m*, jabón
saber *v*, saber
sabor *m*, sabor
saco *m*, saco; bolsa
sacola *f*, bolsa
saia *f*, falda
sair *v*, salir
sal *m*, sal
salada *f*, ensalada
salsicha *f*, salchicha
sangue *m*, sangre
sapato *m*, zapato
saúde *f*, salud
secar *v*, secar
secretária eletrônica *f*, contestador automático
secretária/o *m/f*, secretaria/o
seguinte, siguiente
segurar *v*, asegurar; sostener
seguro *m*, seguro
seguro *adj*, seguro
selo *m*, sello
sem fio, sin hilo; inalámbrico
semana *f*, semana
semelhante, semejante
sensação *f*, sensación
separar *v*, separar; apartar
serra *f*, sierra
serviço *m*, servicio
servir *v*, servir
sinal *m*, señal
sobremesa *f*, postre
sobrenome *m*, apellido
sobretudo *m*, sobretodo; abrigo

solteiro, soltero
soma *f,* suma
sono *m,* sueño
sorte *f,* suerte
sorvete *m,* helado
sossego, quieto; tranquilidad
suco *m,* jugo
sugerir *v,* sugerir
sujar *v,* ensuciar
sujo, sucio
superfície *f,* superficie
supermercado *m,* supermercado
sutiã *f,* sostén

T

tabela *f,* tabla
tamanho *m,* tamaño
tarde *f,* tarde
tarde *adj,* tarde
tarifa *f,* tarifa
taxa *f,* tasa
táxi *m,* taxi
tempo *m,* tiempo
temporada *f,* temporada
tentar *v,* tentar
tentativa *f,* tentativa

terno *m,* terno
tesoura *f,* tijera
toalete *m,* toilette; baño
toalha *f,* toalla
tomate *m,* tomate
tonto, tonto (con tontutas); mareado
touro *m,* toro
trabalhar *v,* trabajar
trabalho *m,* trabajo
traduzir *v,* traducir
trânsito *m,* tránsito
transporte *m,* transporte
travesseiro *m,* almohada
trazer *v,* traer
triste, triste
troco *m,* vuelto; sencillo

U

último, último
urinar *v,* orinar
uso *m,* uso
uva *f,* uva

V

vaca *f,* vaca
vaga, vacante
vago, desocupado

varanda *f*, balcón
vazio *adj*, vacío
vegetariano, vegetariano
vela *f*, vela
velho *adj*, viejo
veludo *m*, terciopelo
vender *v*, vender
ver *v*, ver
verde, verde
vermelho, rojo
vestíbulo *m*, antecámara
vestido *m*, vestido
viajante *m*, viajante
vida *f*, vida
videocassete *m*, video grabador
vidro *m*, vidrio
vinho *m*, vino
virar *v*, dar vuelta
vista *f*, vista
volta *f*, vuelta
vôo *m*, vuelo

X

xícara *f*, taza
xampu *m*, champú

Z

zoológico *m*, zoológico

Vocabulario Español-Portugués

A
a través, através
abajo, abaixo; para baixo
abrir *v*, abrir
accidente, acidente *m*; desastre *m*
aceite, óleo *m*; azeite *m*
aceptar *v*, aceitar; concordar; admitir
adicional, um outro; adicional
agencia de correo, agência de correio *m*
agradable, agradável *adj*
agradar *v*, agradar
agradecer *v*, agradecer
agradecimiento, agradecimento *m*
agua, água *f*
alcanzar, alcançar
alérgico, alérgico
alimentar *v*, alimentar
alimento, alimento *m*; comida *f*
allá, lá
almohada, travesseiro *m*
almuerzo, almoço *m*
alrededor de, em volta de; ao redor de
alto, elevado; alto *adj*
amar *v*, amar
ambulancia, ambulância *f*
amigo/a, amigo/a
amor, amor *m*
andén, plataforma *f*
anexo (teléfono), ramal *m*
animal de estimación, animal de estimação *m*
antecámara, vestíbulo *m*
anteojos, óculos *m*

anterior, anterior
antes, antes
antibióticos, antibióticos *m*
apellido, sobrenome *m*
aquí, aqui; neste lugar
arriba, para cima; em cima
arma, arma
arrendar *v,* alugar
arroz, arroz *m*
asado, churrasco *m*
asegurar *v,* segurar
asiento, assento *m*
asistir *v,* assistir
asunto, assunto *m*
atrás, atrás; detrás; depois; após
atrasado, atrasado *adj*
atraso, atraso *m*
audífonos, fones de ouvido *m*
aún, todavia; porém
auto, carro *m*; automóvel *m*
automático, automático
avanzado, avançado *adj*
avenida, avenida *f*
avión, avião *m*
ayer, ontem
ayuda, ajuda *f*
ayudar *v,* ajudar
azúcar, açúcar *m*

B

bailar *v,* dançar
bajo, baixo *adj*
balcón, varanda *f*
baño, banho *m*
baño, banheiro *m*; toalete *f*
barato, barato *adj*; de preço baixo
barco, navio *m*
barriga, barriga *f*
basura, lixo *m*
batería, bateria *f*; pilha *f*
bebé, bebê *m*; criancinha *f*
bebida, drinque; bebida
bien, bem
bienvenido/a, bem-vindo/a
billetera *f,* carteira
bistec, bife *m*
blanco/a, branco/a
blusa, blusa *f*
boca, boca *f*
boleto, bilhete *m*; passagem *f*
bolsa, saco *m*; sacola *f*; maleta *f*; bolsa *f*
bonito, bonito; lindo *adj*

botella, garrafa *f*; frasco *m*; vidro *m*
brazo, braço *m*
breve, breve
brillar *v*, brilhar
brillo, brilho *m*
bueno, bom *adj*

C

caballero, cavalheiro *m*; senhor *m*
cabaña, cabana *f*; casa de campo *f*
cabeza, cabeça *f*
café, café *m*
caja, caixa *f*; caixote *m*
caja (banco), caixa de banco
cajetilla, maço de cigarros *m*
calentar *v*, aquecer, esquentar
caliente, quente *adj*
calle, rua *f*
cámara de vídeo, câmara *f* de vídeo *m*
camarera, camareira *f*
cambiar *v*, trocar; alterar
camino, caminho *m*; estrada *f*
camisa, camisa *f*
camisa de dormir, camisola *f*
cantar *v*, cantar
capitán, capitão *m*
cardíaco, cardíaco
carga, carga *f*
carne, carne *f*
carne de cerdo, carne de porco
carnet de chofer, carteira de motorista
caro, caro; dispendioso *adj*
carretera *f*, rodovia
carta, carta *f*
casado/a, casado/a
casar *v*, casar
casi, quase; sobre; perto de; em volta de; prestes a
cenar *v*, jantar
cenicero, cinzeiro *m*
ceniza, cinza
centeno, centeio *m*
centro, centro *m*
ceppilar *v*, escovar
cepillo, escova *f*
cerca, próximo; perto *adj*

cereza, cereja *f*
cerrado, fechado
cerrar, fechar, tapar; encerrar
cerveza, cerveja *f*
champú, xampu
chaqueta, casaco *m*; sobretudo *m*; jaqueta *f*
cheques de viaje/de viajero, cheques de viagem
chopp, chope *m*
choque, batida *f*; golpe *m*; ritmo *m*; pulsação *f*;
cien, cem
cinturón, cinto *m*
ciudad, cidade *f*
clase, classe *f*; categoria *f*
cobertura, cobertura *f*
cobranza, cobrança *f*
cobrar v, cobrar
cobrar v un cheque (banco), descontar um cheque
cocina, cozinha *f*
cocinar v, cozinhar
cocinero, cozinheiro *m*
cóctel, coquetel *m*; aperitivo *m*
cofre, cofre *m*
colgar v, pendurar
color, cor *f*
colorido, colorido *adj*
colorir v, pintar; tingir
combinar v, combinar
comida, refeição *f*; comida *f*
comienzo, começo; princípio
como, como
compra, compra *f*; aquisição
comprar v, comprar
comprender v, compreender; entender
compromiso, encontro *m*; compromisso
conectar v, conectar; ligar
conocer, conhecer
contar, contar
contratar v, contratar
correcto, correto; justo *adj*
corregir v, corrigir
correo aéreo, correio aéreo *m*
cortar v, cortar

cortinas, cortinas *f*
cortisona, cortisona *f*
costilla, costeleta *f*
costo, custo *m*
cría, filhote *m*
cromo, cromo *m*
cronograma, cronograma *m*
cuadra, quarteirão *m*
cuarto, quarto *m*
cubrir *v,* cobrir; abranger
cuchara, colher *f*
cuchillo, faca
cuenta, conta *f*; nota de despesas *f*
cuero, couro *m*
cuidado, cuidado *m*; atenção *f*; preocupação *f*
cuidar *v,* cuidar de; importar-se com; gostar de
cumpleaños, aniversário *m*

D

dañar *v,* estragar; prejudicar
daño, dano *m*; prejuízo *m*; estrago *m*
danza, dança *f*; baile *m*
dar *v,* dar
dar vuelta *v,* virar
decir *v,* falar, dizer
declarar *v,* declarar
derecha, direita,
desarollar *v,* desenvolver
desanuyo, café da manhã; desjejum *m*
descarga *f,* descarga *f* (toilette)
descompuesto, estragado *adj*
descuento, desconto *m*
día, dia *m*
día de fiesta, feriado *m*
diarrea, diarréia *f*
diente, dente *m*
diferente, diferente *adj*
dinero, dinheiro *m*
dirección, endereço *m*
disculpa, desculpa *f*
disculpar *v,* desculpar
divorciado/a divorciado/a *m/f*
doble, duplo; dobro *m*
doctor, doutor(a); médico(a)
documento, documento *m*
doler *v,* doer

dolor de dientes, dor de dente *f*
dolor, dor
dormir *v*, dormir
ducha, chuveiro *m*
dulce, doce *adj*
durar *v*, durar
durazno, pêssego *m*

E

economía, economia *f*
edad, idade *f*; época *f*
edición, edição *f*
embarazada, grávida *f*
emisión, emissão *f*
emitir *v*, emitir
empaquetar *v*, embrulhar
empaste, obturação *f*
enamorada, namorada *f*
enamorado, namorado *m*
encender *v*, acender (el cigarrillo)
encomienda, encomenda *f*
encontrar *v*, achar; encontrar
encuentro *m*, encontro
enfermo, doente
engaño, engano; erro

ensalada, salada *f*
ensuciar *v*, sujar; espalhar lixo
entregar *v*, entregar
equipaje, bagagem; malas
equivocado, errado
error, erro
escribir *v*, escrever
especialidad, especialidade *f*
espejar *v*, espelhar
espejo, espelho *m*
espera, espera *f*
esperar *v*, esperar; aguardar
espeso, espesso; grosso *adj*
esposa, esposa *f*; mulher *f*
espuma, espuma
esquina, esquina
estación *f*, estação *f*
estacionamiento, estacionamento *m*
estacionar *v*, estacionar
estilo, estilo *m*
estrella, estrela *f*
estrenar *v*, estrear
excelente, excelente; ótimo *adj*

extensión, extensão *f*
extenso, longo; extenso *adj*
extranjero, en un país estrangeiro; fora; no exterior

F

factura, conta; nota de despesas; fatura
falda, saia *f*
familia, família *f*
fecha, data
felicidad, felicidade *f*
feliz, feliz *adj*
feria, feira de negócios *f*; exposição *f*
fijar *v,* fixar
filmar *v,* filmar
filme, filme *m* (fotografia)
firma, assinatura *f*
firmar *v,* assinar
formar *v,* formar
formulario, formulário *m*
fósforo, fósforo *m*
foto, foto *f*
fractura, fratura *f*; interrupção
frazada, cobertor *m*
frijol, feijão *m*

frío, frio *adj*
fruta, fruta *f*
fuera, fora
fumar *v,* fumar
fútbol, futebol

G

galleta, biscoito *m*
gallina, galinha *f*
ganso, ganso *m*
garaje, garagem *f*
garganta, garganta *f*
gaseosa, refrigerante
gasolinera, posto de gasolina
gasto, gasto *m*
gato, gato *m*
golpe, batida; golpe
grande, grande
gratis, livre; grátis *adj* (sin costo)
gris, cinza
guantes, luvas *f*
guardabarros, pára-lama
guía, guia *f*
guía telefónico, lista telefônica *f*
guiar *v,* guiar
gustar *v,* gostar

H

hablar *v,* falar; dizer; contar
helado, sorvete *m*
helar *v,* gelar
herida, ferida *f*
herir *v,* ferir; ofender; magoar
hermana, irmã *f*
hermano, irmão *m*
hervir *v,* ferver; cozinhar
hielo, gelo *m*
hoja, folha *f*
hombre, homem *m*
hora, hora *f*
hoy, hoje
huevo, ovo *m*
humo, fumaça *f*

I

importante, importante *adj*
imprimir *v,* imprimir
incluir *v,* incluir
infección, infecção *f*
información, informação *f*
inmenso, imenso; vasto; enorme *adj*
intérprete, intérprete
izquierda, esquerda

J

jabón, sabão *m*
jabonar *v,* ensaboar
jalea, geléia *f*
jamón, presunto *f*
juego, jogo *m*; brincadeira *f*
jugar *v,* jogar
jugo, suco *m*
juzgar *v,* julgar

K

kilometraje, quilometragem *f*

L

ladrón, ladrão *m*
lámina, lâmina *f*
lavandería, lavanderia *f*
leche, leite *m*
lejos, longe; distante *adj*
lento, vagaroso *adj*
letra, letra *f*
libre, livre; solto; isento *adj*

libro, livro *m*
lila, lilás
limpiar *v*, limpar
limpio, limpo *adj*
líquido, líquido
llamada, telefonema *m*
llamar *v*, chamar; telefonar
llave, chave *f*
llegar *v*, chegar; alcançar
llenado, enchimento *m*
llenar *v*, encher; preencher
lleno, cheio; completo *adj*
lobo, lobo *m*
longaniza, lingüiça *f*
lubricar *v*, lubrificar
lugar, lugar *m*; local *m*

M

macarrón, macarrão *m*
maleta, mala *f*
malo, ruim; mau; desagradável *adj*
mañana, amanhã *m*; manhã *f*
manejar *v*, dirigir
manera, maneira; modo
manga, manga *f*
mano, mão *f*
mantequilla, manteiga *f*
manzana, maçã *f*
mapa, mapa *m*
máquina, máquina *f*
mar, mar *f*
mareado, enjoado; com ânsia
marido, marido *m*
marrón, marrom; castanho
masa, massa *f*
mascota, animal de estimação,
materia *f*, matéria
media (vestir), meia *f*
medianoche, meia-noite *f*
medida, medida *f*
medio, meio *m*
mediodía, meio-dia *m*
medir *v*, medir
mensaje, mensagem *f*; recado *m*
mente, mente *f*
mentir *v*, mentir
mentira, mentira *f*
merienda, lanche *m*,
mesa, mesa *f*
metro, metrô *m*
miel, mel *m*

minuto, minuto *m*
mirar *v,* olhar
mitad, metade; meio
mojado, molhado/a
molde, fôrma *f*
moneda, moeda *f*; padrão monetário *m*
montaña, montanha *f*
mostrador, mostrador *m* (reloj, radio, teléfonos, etc.)
mostrar *v,* mostrar
mucho, muito
mujer, mulher *f*
multa, multa *f*; penalidade *f*
multar *v,* multar
museo, museu *m*

N

nacimiento, nascimento *m*
nacionalidad, nacionalidade *f*
naranja, laranja *f*
nariz, nariz *m*
navaja de afeitar, navalha; lâmina *f*
negocios, negócios *m*
negro, preto

neumáticos, pneus *m*
niña, menina *f*
niñera, babá; baby-sitter
niño, menino *m*; moleque *m*; garoto *m*
niños, crianças
noche, noite *f*
nombre, nome *m*
nota, nota *f*
nuevamente, novamente; outra vez; de volta
nuevo, novo *adj*

O

obedecer *v,* obedecer
obtener *v,* obter
ocupación, ocupação *f*; profissão
ocupado, ocupado
oficina, escritório *m*
ofrecer *v,* oferecer
ómnibus, ônibus *m*
orden, ordem *f*
oreja, orelha *f*
orinar *v,* urinar
otro, outro

P

padre, pai *m*

pagar *v*, pagar
pago, pagamento *m*
país, país *m*
pájaro, pássaro *m*; ave *f*
palabra, palavra *f*
pan, pão *m*
pantalones, calças *f*
papa, batata *f*
papel, papel *m*
paquete, pacote *m*; embrulho *m*
parabrisas, pára-brisa *m*
parar *v*, parar
parque, parque *m*
partida, partida *f*
partir *v*, partir
pasado, passado *m*
pasaje, passagem *f*
pasaporte, passaporte *m*
patata, batata *f*
patilla, costeleta *f*
patrón, patrão
pecho, peito *m*
pedazo, pedaço *m*; bocado *m*
pedir *v*, pedir; solicitar; implorar; mendigar
película, filme (televisión, fotográfico)

pena, pena; dó
pequeño, pequeno *adj*
pera, pêra *f*
percha, cabide *m*
perdón, perdão *m*; desculpa *f*
periódico, jornal *m*
permiso, licença *f*; permissão *f*
pescado, peixe *m* (comer)
peso neto, peso líquido *m*
pez, peixe *m* (aquário)
pie, pé *m*
pierna, perna *f*
pipa, cachimbo *m*
piso, andar *m*; solo; piso
placer, prazer *m*
plato, prato *m*
playa, praia *f*
poco, pouco
policía, polícia *f*
por favor, por favor
portón, portão *m*
postre, sobremesa *f*
práctica, costume; prática
precio, preço *m*
presentación, exibição *f*; espetáculo *m*

presión, pressão *f*
préstamo, empréstimo *m*
principal, principal
probar *v*, testar; provar
problema, problema *m*
profesión, profissão *f*
pronto, pronto
propio, próprio
propósito, propósito *m*;
  objetivo *m*
pueblo, povo *m*; gente *f*
pulmones, pulmões *m*

Q

quebrar *v*, quebrar
quemadura, queimadura *f*
quemar *v*, *queimar*
queso, queijo *m*
quieto, quieto *adj*

R

raíz, raiz *f*
rayo, raio *m*
razón, razão *f*
recomendar *v*, recomendar
red, rede *f*
reducción, redução *f*
reducir *v*, reduzir
regalo, presente *m*
registrar *v*, registrar
registro, registro *m*
remedio, remédio *m*
reserva, reserva *f*
reservar *v*, reservar
resfriado, resfriado *m*
respiración, respiração *f*
respirar *v*, respirar
reunión, reunião *f*
rey, rei *m*
robar *v*, roubar; furtar
rojo, vermelho
ropa, roupa *f*; traje *m*;
  vestuário *m*

S

sábana, lençol *m*
saber *v*, saber
sacar *v*, retirar
saco, paletó *m*
sal, sal *m*
salchicha, salsicha *f*
salida, saída *f*
salsa, molho *m*
salud, saúde *f*
sangre, sangue *m*

SECAR → TIENDA

secar *v,* secar
seco, seco *m*
seguro, seguro *adj*
sello, selo *m*
semana, semana *f*
señal, sinal *m*
sencillo, dinheiro trocado
sensación, sensação *f*; percepção *f*
sentar *v,* sentar
sentir *v,* sentir
separar *v,* separar
servicio, serviço *m*
servilleta, guardanapo *m*
servir *v,* servir
sierra, serra *f*
siguiente, seguinte; próximo
silla, cadeira *f*
sobre, envelope
sobretodo, casaco longo, sobretudo
socorrer *v,* socorrer
socorro, socorro *m*
soltero, solteiro *m*
sombrero, chapéu *m*
sostén, sutiã *f*
suave, macio; suave *adj*

sucio, sujo; imoral *adj*
suelo, chão *m*; solo *m*
sueño, sono
suerte, sorte *f*
sugerir *v,* sugerir
suma, soma *f*; quantia *f*; total *m*
superficie, superfície *f*
supermercado, supermercado *m*

T

tajada, fatia *f*
tamaño, tamanho *m*
tarde, tarde *f*
tarifa, tarifa *f*
tarjeta, cartão *m*
tasa, taxa *f*; tarifa *f*
taxi, táxi *m*
taza, xícara *f*
té, chá *m*
tenedor, garfo *m*
teñir *v,* tingir
tentar *v,* tentar
tentativa, tentativa *f*
terciopelo, veludo *m*
terno, terno *m*
tiempo, tiempo *m*
tienda, loja *f*

tienda de cosmetibles, mercearia *f*
tijeras, tesoura *f*
toalla, toalha *f*
tomar *v*, pegar; tomar
tomate, tomate *m*
tonto (con tonturas), tonto; com tonturas
toro, touro *m*
trabajar *v*, trabalhar
trabajo, trabalho *m*
traducir *v*, traduzir
traer *v*, trazer
tráfico, engarrafamento *m*; trânsito
transitar *v*, transitar
tubo, cano *m*

U

último, último *adj*
usar *v*, usar
uso, uso *m*
uva, uva *f*

V

vaca, vaca *f*
vacaciones, férias *f*
vacante, vaga *f*; vago *m*
vaciar *v*, esvaziar
vacío, vazio; desocupado *adj*
vaso, copo *m*
vegetariano, vegetariano
vela, vela *f*
velocidad, velocidade
vender *v*, vender
ventana, janela *f*
verde, verde
verduras, verduras *f*
vestido, vestido *m*
vestir *v*, vestir
vida, vida *f*
vidrio, vidro *m*
viejo, velho *adj*; idoso *m*
vino, vinho *m*
vista, vista *f*
volver *v*, retornar; voltar
vuelo, vôo *m*
vuelta, volta *f*; retorno *m*
vuelto, troco *m*; dinheiro trocado *m*

Z

zapato, sapato *m*
zombar *v*, caçoar; zombar
zoológico, zoológico *m*

Conversación para viaje

Portugués

MICHAELIS tour